Norbert Treutwein

Fit und gesund mit der

Säure-Basen-Diät

Krankheiten lindern und Beschwerden vorbeugen
mit dem wirksamen Entsäuerungsprogramm

Südwest

Ungesättigte Fettsäuren aus pflanzlichen Ölen: ein Beitrag zur gesunden Ernährung, auch hinsichtlich des Säure-Basen-Gleichgewichts.

Inhalt

Kartoffeln in jeder Form sind das Grundnahrungsmittel schlechthin für eine Säure-Basen-Diät.

Schlankheit, Fitness und Ihre Gesundheit

Wer wäre das nicht gern: schlank und rank, wohlproportioniert und durchtrainiert, energisch und immer gut gelaunt? Millionen von deutschen Frauen und Männern halten diesen Zustand für unerreichbar. Dabei sind Schlankheit und Fitness Eigenschaften, nach denen jeder Mensch erfolgreich streben kann.
Es sind außerdem zwei Eigenschaften, die zueinander gehören. Natürlich gibt es stets Ausnahmen von der Regel. Aber wirkliche Fitness ohne gute Figur ist ausgesprochen selten. Und ein schlanker, gut gebauter Mensch ist im Regelfall tatsächlich energischer, ausdauernder und geistig wie körperlich leistungsfähiger als ein übergewichtiger.

Eine gesunde Ernährungsweise hält nicht nur schlank, sondern auch gesund. Zahlreiche Krankheiten wie z. B. Arteriosklerose, Bluthochdruck oder Hautkrankheiten werden durch falsche Ernährung mit verursacht.

Übergewicht ist out

Es hat schon seinen Grund, weshalb die Vorstellungen von dem, wie wir idealerweise auszusehen haben, von Merkmalen der Gesundheit geprägt sind: Schlankheit und Sportlichkeit sind eindeutige Attribute des Erfolgs. Ein allzu wohlgenährter Körper signalisiert in einem Zeitalter allgemeinen Nahrungswohlstands nicht mehr, wie früher einmal, Wohlhabenheit und gesellschaftliches Ansehen. Auch weiß man heute, dass Bewegung und Sport, richtige Ernährung und Schlankheit tatsächlich eng mit Gesundheit und Leistungsfähigkeit verknüpft sind. Tatsache ist, dass Übergewicht bei allen so genannten Zivilisationskrankheiten, wie z. B. Herzinfarkt oder Venenleiden, ein großer Risikofaktor ist.

Bewegung macht nicht nur schlank, sie macht auch Spaß.

Üppige Körperformen …

Im 18. Jahrhundert war es Mode, dick zu sein. Manche wohlhabende Damen litten damals unter ihrer Schlankheit – ähnlich wie heute die vollschlanken Zeitgenossinnen (und -genossen) unter ihrem Übergewicht.

Im Venedig von vor 200 Jahren gab es eine »Schönheitsdiät«, die aus Mandeln, Nüssen, Trauben, Pistazien, Honig und Zypernwein bestand. Und bei manchen Stämmen Zentralafrikas gibt es noch heute regelrechte Masthäuser für junge, heiratsfähige Frauen. Da ist unser Schönheitsideal am Ende des 20. Jahrhunderts der Gesundheit tatsächlich zuträglicher. Zumindest, sofern das Streben danach nicht übertrieben wird.

Viele Menschen fühlen sich zu dick und versuchen ständig, dies mit Hungern, Joggen und Hanteltraining zu ändern. Laut einer Umfrage würden sogar elf Prozent der unter 30-Jährigen gesundheitliche Risiken für einen schöneren Körper eingehen.

… und Fotomodellfigur

Vor allem junge Frauen erliegen oft dem Diktat der Modemacher und den Vorbildern der Topmodels. Dabei haben die Männer im richtigen Leben oft ganz andere Vorstellungen davon, wie eine Frau idealerweise geformt sein sollte. Nur 4,2 Prozent der Männer möchten gern eine Frau vom Schlankheitsformat einer Claudia Schiffer, und nur jeder Vierte wünscht sich eine Partnerin mit Wespentaille. Ein Drittel aller Männer hätte gern eine sportlich-attraktive Frau mit eher knabenhafter Figur, während immerhin 14 Prozent eine »Frau mit völlig normaler Figur« möchten: schlank, aber dennoch wohlgerundet.

Auf das Wie kommt es an

Dem Idealbild des schlanken, sportlichen Menschen nachzueifern, ist durchaus nicht verwerflich. Im Gegenteil. Ein solcher Eifer hält uns bei Kräften, geistig und körperlich. Er hält uns leistungsfähig und jung. Jung ist

natürlich im übertragenen Sinn gemeint, denn der biologische Alterungsprozess ist zwar zu bremsen, aber nicht aufzuhalten.
Wer auf die richtige Weise fit und schlank wird, hat die besten Chancen, gesund und vital ein hohes Alter zu erreichen, und die besten Voraussetzungen, dieses auch in vollen Zügen zu genießen.

Bei Übergewicht spielen erbliche Faktoren meist nur eine untergeordnete Rolle. Das Übergewicht wird nicht vererbt, sondern die Essgewohnheiten werden anerzogen. Die Ursachen hierfür sind oft schon im Kindesalter zu suchen, wenn z. B. als Trost oder Liebesersatz Schokolade oder Bonbons angeboten werden.

Lebensgewohnheiten verändern

Jeder Mensch ist in jedem Alter in der Lage, Körpergewicht und Fitness positiv zu beeinflussen. Denn in erster Linie sind die Lebensgewohnheiten verantwortlich für Übergewicht oder Schlankheit, für Leistungskraft oder Schlappheit, für Gesundheit oder Krankheitsanfälligkeit, für Lebensglück oder fehlende Freude am Dasein. Andere Einflüsse wie etwa Erbfaktoren und Umweltgifte werden von vielen oft maßlos überschätzt und spielen dabei, wie wir heute wissen, eine eher untergeordnete Rolle.

Mehr Spaß am Leben

Lebensgewohnheiten kann man verändern. Die wichtigste Voraussetzung dafür ist, zu begreifen, was uns wirklich krank macht – und was uns wirklich gesund erhält. Erst wer verstanden hat, welch großen Anteil eine ausgewogene Säure-Basen-Ernährung und körperliche Bewegung daran haben, wird bereit und auch dazu in der Lage sein, einige ungute Lebensgewohnheiten zu verändern. Er wird sogar Spaß daran haben.
Dass eine grundlegende Umstellung nicht von heute auf morgen funktioniert, ist klar. Auch muss niemand ganz plötzlich auf alle seine lieb gewordenen schlechten Angewohnheiten verzichten. Sie sollen ja schließlich in Zukunft mehr Spaß am Leben haben und nicht weniger.

Das Säure-Basen-Verhältnis

Die Säuregrade im menschlichen Körper variieren: Das Sekret der Bauchspeicheldrüse liegt mit pH 8,0 weit im basischen Bereich, der Magensaft hingegen ist mit seinem pH zwischen 1,2 und 3,0 deutlich sauer.

Dieses Praxisbuch möchte weniger auf die Zusammenhänge zwischen Übersäuerung und Ernährung sowie die Entstehung zahlreicher Krankheiten durch Übersäuerung eingehen. Vielmehr will es Ratschläge geben, auf welche Weise die Ernährung zu Gesundheit, Schlankheit, Fitness und Schönheit beitragen kann, wenn sie das verloren gegangene Säure-Basen-Gleichgewicht im Körper wiederherstellt.

Der menschliche Organismus funktioniert nur dann optimal, wenn ein ausgewogenes Verhältnis von Säuren und Basen garantiert ist. Im menschlichen Körper beträgt das Verhältnis von Säuren zu Basen ungefähr 1:4. D. h., idealerweise stehen 80 Prozent Basen 20 Prozent Säuren gegenüber.

Statt des so oft falsch verstandenen Spruchs »Sauer macht lustig« sollten wir also besser nach einer für die Gesundheit enorm wichtigen Devise leben: »Entsäuern macht lebenslustig«.

Ideal für den menschlichen Organismus ist ein ausgewogenes Verhältnis von Säuren und Basen.

Die Funktionen von Säuren und Basen

Säuren sind genauso lebenswichtig wie Basen. Sie sorgen z. B. dafür, dass im Magen feste Nahrungsbestandteile wie Knorpel oder Knochen aufgelöst werden. Sie bilden auch eine wirksame Abwehr gegenüber Krankheitserregern oder Parasiten, die mit der Nahrung in den Körper gelangen. Bei einer ganzen Reihe von Vorgängen im Körper fallen Säuren an – etwa bei der Verdauung von Eiweiß, bei der Energiegewinnung in jeder einzelnen Körperzelle, unter Stressbelastung, durch Rauchen oder Alkoholgenuss.

Basen sind unentbehrlich, um die Funktion des Bluts, den Transport von Sauerstoff und Nährstoffen sicherzustellen. Sie sind zur Stelle, wenn der Darm die Nährstoffe aus der Nahrung auswertet. Basenstoffe entstehen nicht im Körper. Sie können nur über die Nahrung und über Getränke vom Organismus aufgenommen werden. Doch es werden ständig Basenstoffe gebraucht, um anfallende Säuren zu neutralisieren. Wenn sich Säuren mit Basenstoffen zu neutralen Verbindungen vereinigen, können diese schadlos vom Blut transportiert und über Nieren oder Darm ausgeschieden werden.

In der Chemie sind Tausende von Säuren bekannt. Im menschlichen Körper kommen nur etwa zwei Dutzend vor.

Die verborgene Übersäuerung

Die meisten Schulmediziner weigern sich noch immer, den Begriff »Übersäuerung« ernsthaft zu diskutieren, vor allem, wenn von der so genannten latenten Azidose, also der verborgenen Übersäuerung die Rede ist, einem Zustand, der keine eindeutigen Symptome erkennen lässt. Wichtig für das Säure-Basen-Gleichgewicht im Körper ist der Grundsatz: Säuren produziert der Körper jederzeit, aber Basenstoffe müssen immer von außen mit der Nahrung zugeführt werden.

Den Basenmangel ausgleichen

Werden nicht genügend Basenstoffe von außen zugeführt, kann es zu ernsthaften gesundheitlichen Problemen kommen. Das Fehlen von Basenstoffen belastet das Abwehrsystem, es zehrt an der Leistungsbereitschaft des Körpers und erhöht dessen Krankheitsanfälligkeit. Darüber hinaus begünstigt ein Mangel an Basenstoffen Übergewicht, da die Nährstoffe auf Fettdepots abgelagert und nicht zur Energiegewinnung bereitgestellt werden. Basen bildend sind vor allem die Mineralstoffe Kalzium, Kalium, Magnesium und Eisen.

Alkohol, Kaffee, Fleisch, Wurst und Süßigkeiten zählen zu den Säurelieferanten bzw. -erzeugern. Sie stören das Säure-Basen-Gleichgewicht im Körper und sollten daher nur in Maßen konsumiert werden.

Ursachen für Übersäuerung

- Eine Ernährung, die zu viel tierisches Eiweiß enthält, und als deren Folge bei der Verstoffwechslung Säuren entstehen
- Eine Ernährung, die reich an Zucker und Fett, aber arm an Frischkost wie Gemüse und Obst, an Getreideprodukten, Kartoffeln und Hülsenfrüchten ist
- Geschädigte Nieren, die eine Entsorgung der Säureschlacken nicht mehr sicherstellen können
- Schädigungen der Bauchspeicheldrüse oder der Leber, durch die nicht mehr ausreichend Basenstoffe für die Verdauung bereitgestellt werden
- Säurebildung im Darm durch Gärung unzureichend ausgewerteter Nahrung als Folge falscher Ernährung

Weitere Faktoren verstärken diesen Prozess:

- Zu wenig Bewegung
- Zu wenig Schwitzen
- Verdauungsstörungen, vor allem Verstopfung
- Stressbelastung im Alltag
- Genussgifte wie Nikotin und Alkohol

Übersäuerung macht krank

Viele Volkskrankheiten unserer Zeit sind eigentlich Folgen einer chronischen Übersäuerung. Etwa Diabetes mellitus Typ II oder dessen Vorstufe, das metabolische Syndrom, bei dem krankhaftes Übergewicht, Bluthochdruck, erhöhte Blutfettwerte und eine drastisch verschlechterte Verwertung des Zuckers (Glukose) aus der Nahrung zusammenkommen. Bei beiden Krankheitsbildern ist die im basischen Bereich ablaufende Auswertung der Nahrung durch den Organismus stark gestört. Durch den Ausfall von basischen Regelmechanismen bilden sich im Übermaß Säuren. Diese bedingen wiederum entzündliche Prozesse im Kreislaufsystem, den Gelenken, in den Muskeln oder im Darm. Auf Dauer bewirken solche chronischen Säurebelastungen auch rheumatische Beschwerden wie Polyarthritis, nicht selten auch Herzinfarkt und Schlaganfall.

Im Gegensatz zur jugendlichen Diabetes, bei der der Patient sein Leben lang insulinabhängig bleibt, ist die Altersdiabetes (Diabetes mellitus Typ II) häufig durch Gewichtsabnahme und Diät in den Griff zu bekommen.

Welche Rolle spielt das Gewicht ?

Wenn es darum geht, durch Entsäuerung schlank und fit zu werden, muss man sich eines vor Augen halten: Übergewicht ist der häufigste Grund für eine Übersäuerung. Bei Übergewicht liegt grundsätzlich ein Übermaß an falschen Ernährungsbestandteilen vor – und dieses Übermaß bringt die Säure-Basen-Balance zum Kippen. Sie werden noch sehen, dass Sie durchaus nicht mit knurrendem Magen durchs Leben gehen müssen, wenn Sie Ihr Wunschgewicht erlangen wollen – wie das viele Diäten vorschreiben. Und wenn Sie das einmal erreichte Gewicht halten wollen und sich weiterhin im Säure-Basen-Gleichgewicht ernähren, werden Sie auch nicht das Gefühl haben, irgendetwas zu entbehren.

Langsam, aber sicher

Meist wird nach jahrelanger ungesunder Lebensweise die Schlankheit in ähnlich ungesunder Übertriebenheit angestrebt. Natürlich ist es falsch, den Vorbildern auf Leinwand oder Laufsteg nachzueifern. Dort werden unnatürliche Standards vorgelebt. Zwar mögen die Kreationen der großen Modeschöpfer für diese Figuren gemacht sein, ob aber die zum Schlanksein verurteilten Models dabei wirklich gesund leben, steht sehr in Frage.

Das heutige Schlankheitsideal zeigt sich deutlich am Beispiel von Modepuppen. Der Hüftumfang einer Standardschaufensterpuppe beträgt 79 Zentimeter. Der durchschnittliche Hüftumfang real existierender Frauen liegt dagegen bei 94 Zentimetern.

Diätenstress – ein Teufelskreis

In Wirklichkeit sind es die vielen Diäten selbst, die dick machen. Schuld daran ist der berühmte Jo-Jo-Effekt: Man nimmt mühsam ein Kilogramm ab und hat nach dem Ende der Diät in kürzester Zeit wieder die verlorenen Pfunde (oder mehr) zugelegt.

Der Grund liegt darin, dass der Stoffwechsel in der vermeintlichen Hungerphase während der Diät alles unternimmt, um die wenigen Nahrungsmittel besser zu verwerten. Der Körper gewöhnt sich langsam, aber sicher an die verminderte Kalorienaufnahme. Wer dann nach dem Ende der Diät wieder normal isst, hat ganz schnell wieder sein ursprüngliches Gewicht erreicht.

Durch allzu kontrolliertes Essen geht zudem auch das natürliche Hunger- und Sättigungsgefühl verloren. Wer im Geist ständig Buch führt über alle aufgenommenen Mahlzeiten und Kalorien, überhört die Signale seines Körpers. Deshalb ist es auch so schwierig, nach einer (oder mehreren) Diäten wieder zu einem normalen und natürlichen Essverhalten zurückzukehren.

Das Problem der meisten Schlankheitskuren ist auch, dass sie meist nur die Symptome bekämpfen und nicht die Ursachen.

Schlank durch Pillen?

Wer sich dafür entschieden hat, abzunehmen, dem sei dringend davon abgeraten, zu einem der vielen Präparate zur Gewichtsreduktion zu greifen, die heute angeboten werden. Auch wenn der Gedanke verlockend sein mag, unter Beibehaltung der gewohnten Ernährungsweise mit Hilfe von Tabletten abzunehmen – der Erfolg ist zweifelhaft, und die gesundheitlichen Risiken sind nicht zu unterschätzen.

Wer glaubt, mit Abführmitteln abnehmen zu können, tut seinem Körper nichts Gutes. Da Abführmittel den Darminhalt mit körpereigenem Wasser anreichern, kann es bei regelmäßigem Gebrauch zu Kaliummangelerscheinungen kommen.

Entwässerungsmittel

Sie sorgen dafür, dass der Körper über die Nieren vermehrt Wasser (und Kochsalz) ausscheidet. Entwässerungsmittel zeigen sehr rasch Resultate auf der Waage. Der Nachteil: Nicht das Körperfett wird abgebaut, sondern der Organismus trocknet sozusagen aus. Mögliche gefährliche Nebenwirkungen sind eine Verdickung des Bluts (mit wachsendem Risiko für Herzinfarkt und Schlaganfall), ein Anstieg der Harnsäurewerte sowie Kaliummangel.

Schilddrüsenaktivatoren

Darunter sind sowohl Mittel zu verstehen, die Jod enthalten, als auch Schilddrüsenhormone, die den Stoffwechsel aktivieren und auf diese Art für eine beschleunigte Verbrennung der Nahrungskalorien sorgen. Solche Präparate werden vom Arzt nur dann eingesetzt, wenn eine Schilddrüsenunterfunktion für das Übergewicht verantwortlich gemacht werden muss. Eine medikamentös herbeigeführte Schilddrüsenüberfunktion führt zwar zu einer Gewichtsabnahme, ist aber von Nebenwirkungen wie Schlaflosigkeit, Schweißausbrüchen und hoher Pulsfrequenz begleitet.

Formeln für gesundes Körpergewicht

Es gibt verschiedene Methoden, um festzustellen, wie groß das persönliche Problem mit dem Übergewicht ist. Anhand von einfachen Formeln lässt sich für jeden leicht das Normalgewicht errechnen. Jede dieser Methoden hat etwas für sich – aber auch gewisse Nachteile. Versteifen Sie sich nicht allzu sehr auf festgesetzte Werte. Wichtig ist, dass Sie sich mit Ihrem Gewicht und Aussehen wohl fühlen und keine körperlichen oder auch seelischen Belastungen empfinden. Die Regeln sind kein Muss, sondern als eine Art Selbstkontrolle gedacht.

Der Taille-Hüft-Quotient

Der Taille-Hüft-Quotient (THQ) gibt keinen Wert in Kilogramm wieder, sondern er misst das Verhältnis zwischen Hüft- und Taillenumfang. Das ist recht sinnvoll, denn beim Übergewicht kommt es auch darauf an, wo die Speckpolster sitzen und wie sie sich am Körper verteilen.

Viele Untersuchungen haben gezeigt, dass Fett, das sich am Bauch sammelt, ein höheres Krankheitsrisiko birgt als Speckfalten, die etwa an den Armen, den Beinen oder am Po sitzen. Die Fettzellen in der Bauchgegend sind stoffwechselaktiver als andere. D. h., sie werden mit mehr Blutgefäßen und Nerven versorgt als andere Fettdepots des Körpers, und die Bauchfettzellen geben in Mangelzeiten sehr rasch ihr Fett in die Blutbahn ab. Menschen mit besonders dickem Bauch leiden deshalb weit häufiger an Diabetes mellitus, Arteriosklerose, Bluthochdruck und Fettstoffwechselstörungen als Übergewichtige mit gleichmäßigerer Fettverteilung.

Und so berechnen Sie den THQ: Der Körperumfang, gemessen in Taillenhöhe, wird dividiert durch den Körperumfang, gemessen in Hüfthöhe. Es gibt keinen Grund zur Besorgnis, wenn der THQ bei Männern kleiner ist als 1 und bei Frauen kleiner als 0,85.

Beispiel 1

Ein Mann hat einen Taillenumfang von 100 Zentimetern und einen Hüftumfang, der 107 Zentimeter beträgt: Als THQ ergibt sich ein Wert von 0,93.

Dieser liegt also im Normbereich. Erst wenn der Taillenumfang größer ist als der Hüftumfang, wird's kritisch.

Beispiel 2

Eine Frau hat eine Taille von 72 Zentimetern und einen Hüftumfang von 90 Zentimetern. Dividiert man den ersten durch den zweiten Wert, so ergibt sich ein THQ von 0,8. Auch dieser Wert bewegt sich in der Norm. Bei Frauen sollte der Taillenumfang immer deutlich unter dem Hüftumfang liegen.

Der Bodymass-Index

Der Bodymass-Index (BMI) beruht auf einer mathematischen Formel, die den Fettgehalt des Körpers berücksichtigt.
Der Nachteil der Broca-Formel (siehe Seite 16), die kleineren Menschen weniger Gewicht zugesteht, ist hier bereinigt. Die Formel für den BMI lautet: Körpergewicht in Kilogramm dividiert durch Körpergröße in Metern zum Quadrat.

Beispiel 1

Eine 1,68 Meter große Frau wiegt 62 Kilogramm:
62 : (1,68 x 1,68) = BMI 21,97

Beispiel 2

Ein 1,79 Meter großer Mann wiegt 86 Kilogramm:
86 : (1,79 x 1,79) = BMI 26,84
Sie sollten bedenken, dass der Bodymass-Index je nach Alter anders zu bewerten ist, denn im Alter nimmt der Fettanteil des Körpergewebes kontinuierlich zu. Grundsätzlich gilt deshalb, dass ältere Menschen sich einen etwas höheren Bodymass-Index gönnen dürfen. Seien Sie also nicht beunruhigt, wenn die Waage und somit der Bodymass-Index etwas zu viel anzeigen.

Der richtige Bodymass-Index

Altersgruppe	BMI-Normwerte
19 bis 24 Jahre	19 bis 24
25 bis 34 Jahre	20 bis 25
35 bis 44 Jahre	21 bis 26
45 bis 54 Jahre	22 bis 27
55 bis 64 Jahre	23 bis 28
älter als 64 Jahre	24 bis 29

Die Broca-Formel

Diese Formel stammt bereits aus dem 19. Jahrhundert. Entwickelt hat sie der französische Chirurg und Anthropologe Paul Broca (1824–1880). Das Normalgewicht eines Menschen sieht danach folgendermaßen aus: Man darf so viele Kilogramm wiegen wie man Zentimeter über einen Meter groß ist.

Beispiel

Eine Frau mit 1,70 Meter Körpergröße hat ihr Normalgewicht erreicht, wenn sie 70 Kilogramm wiegt, ein 1,86 Meter großer Mann darf demnach 86 Kilogramm wiegen.
Der Nachteil ist: Einem kleineren Menschen wird im Verhältnis weniger Gewicht zugestanden als einem größer gewachsenen.

Normalgewicht und Idealgewicht

Nun haben Sie vielleicht festgestellt, dass Ihr Taille-Hüft-Quotient gerade noch im Normbereich ist, und sich auch der Bodymass-Index noch im erlaubten Bereich bewegt.
Aber nach der Broca-Formel liegen Sie um einiges vom Normalgewicht entfernt – ganz zu schweigen von dem Wert, der seit vielen Jahren als Idealgewicht angesehen wurde. Dieser Wert ergibt sich, wenn man vom Normalgewicht nach Broca nochmals zehn Prozent abzieht.

Beispiel

Eine 1,65 Meter große Frau dürfte danach höchstens 65 – 6,5 = 58,5 Kilogramm wiegen.

Allzu dünn ist ungesund

Vor allem amerikanische Ernährungsmediziner sind mittlerweile von der Behauptung abgerückt, der Mensch könne gar nicht dünn genug sein, um gesund über die Runden zu kommen. Heute wissen wir, dass extrem magere Menschen ihre ganz bestimmten Krankheitsrisiken haben. Deshalb dürfen gerade ältere Menschen etwas mehr wiegen.

Mehr Toleranz

Beiden Geschlechtern werden zwar unterschiedliche, aber insgesamt höhere Toleranzgrenzen beim Körpergewicht eingeräumt als früher.
Vergessen Sie also das Idealgewicht. So eng wie früher sehen es auch die Ernährungsfachleute heute nicht mehr. Der ehemalige Präsident der Deutschen Gesellschaft für Ernährung, Prof. Volker Pudel, sagt sogar ausdrücklich: »Ein BMI wie der von Topmodel Claudia Schiffer ist kein

Therapieziel.« Frau Schiffer hat einen BMI von 14,2. Und bereits unterhalb eines Wertes von 20 beginnt das Untergewicht!

Gehen Sie also beim nächsten kritischen Blick in den Spiegel nicht so hart mit sich ins Gericht, und denken Sie daran: Nur ein paar Frauen und Männer sind Supermodels – fünf Milliarden sind es nicht. Außerdem sollten Sie immer daran denken, Sie leben nur einmal.

Genießen Sie das Leben, und quälen Sie sich nicht tagein, tagaus damit herum, von jedem Glas Wein und jedem Stück Schokolade die Kalorien zu zählen. Leben Sie gesund, und übertreiben Sie nichts!

So viel Körpergewicht ist heute erlaubt

Grösse in Zentimeter	Altersgruppe 19–34 Jahre		Altersgruppe über 35 Jahre	
	Gewicht in Kilogramm			
	Frauen	Männer	Frauen	Männer
150	44-54	48-58	49-59	53-63
152	46-56	50-60	50-60	55-65
155	47-57	52-62	52-62	57-67
157	48-58	54-64	54-64	59-69
160	50-60	56-66	55-65	61-71
162	52-62	58-68	57-67	63-73
165	54-64	60-70	59-69	66-76
167	55-65	63-73	61-71	68-78
170	57-67	65-75	63-73	71-81
172	58-68	67-77	64-74	73-83
175	60-70	69-79	66-76	75-85
177	62-72	71-81	68-78	78-88
180	64-74	73-83	70-80	80-90
182	65-75	75-85	72-82	83-93
185	67-77	78-88	74-84	85-95
187	69-79	81-91	76-86	88-98
190	71-81	83-93	78-88	90-100

Ohne Bewegung läuft nichts

Wer glaubt, es gebe einen exakt festgelegten Fahrplan vom Übergewicht zur erstrebten Schlankheit, der irrt. Viele Wege führen zu diesem Ziel. Sie haben nur eines gemeinsam: das Zusammenspiel von richtiger Ernährung und regelmäßiger körperlicher Betätigung. Körpertraining ist für Schlankheit und Fitness ebenso wichtig wie ein ausgewogen zusammengestellter Speiseplan.

Achten Sie darauf, einmal täglich wirklich außer Puste zu kommen. Das hält fit und trägt erheblich zur Steigerung des körperlichen Wohlbefindens bei.

Lust auf Bewegung

Beim Essen hat die individuelle Gestaltungsmöglichkeit den Vorteil, dass auf Vorlieben und Abneigungen gebührend Rücksicht genommen werden kann. Beim Sport ist es dasselbe: Jeder darf sich die Art von Bewegung verschaffen, die ihm liegt. Für den einen kann die Erfüllung im ausgiebigen Herumtollen mit den eigenen Kindern liegen, während für den anderen einsame Spaziergänge oder schweißtreibende Gartenarbeit das Richtige sind.

Fitness im Alltag

Körperliche Aktivitäten kann man auf ganz selbstverständliche Art im Alltag integrieren. Lassen Sie das Auto stehen, und fahren Sie mit dem Rad, oder gehen Sie zu Fuß. Lassen Sie die Rolltreppe rollen, und steigen Sie die Treppen selbst hoch. Auch beim Fensterputzen oder Bodenwischen verbrauchen Sie Kalorien. Ganz zu schweigen vom Schneeschaufeln oder Rasenmähen.

Mehrmals täglich »Gassi-Gehen« ist gesund für Herrn wie für Hund.

Schlankheit ist gut, Bewegung ist besser

Die meisten Menschen haben eines noch nicht begriffen: So wichtig Schlankheit für das Wohlbefinden (und das gesellschaftliche Ansehen) auch sein mag – körperliche Aktivität ist letztlich noch wichtiger als bloße Schlankheit.

Unsportliche wiegen sich in trügerischer Sicherheit, wenn sie zwar auf ihre Linie achten, körperliches Training aber ablehnen. Der übergewichtige Nachbar, der regelmäßig joggt und trotzdem nicht schlanker wird, ist dem bewegungsscheuen Schlanken gesundheitlich aber um einige Nasenlängen voraus.

Es gibt Studien, die beweisen, dass körperlich aktive Menschen wesentlich seltener als der Durchschnitt an Krebs erkranken. Man nimmt an, dass das Immunsystem eines sportlich trainierten Körpers kranke Zellen besser erkennen und beseitigen kann.

Eine Untersuchung an 25 000 Männern ergab, dass übergewichtige Männer, die körperlich trainiert waren, eine um 70 Prozent geringere Sterblichkeitsrate hatten als die Gruppe der Normalgewichtigen, die Sportmuffel waren. Trägheit, so die Sportmediziner, ist der Gesundheit genauso abträglich wie das Rauchen.

Natürlich besteht kein Zweifel, dass es ideal ist, überhaupt keine überflüssigen Pfunde zu haben, nicht zu rauchen und sich regelmäßig sportlich zu betätigen.

Regelmäßiges Körpertraining

Die Formel für Ihren Schlankheits- und Fitnesserfolg sollte lauten: Mäßig, aber regelmäßig. Das Rezept für ein langes Leben lautet, sich täglich etwa eine halbe Stunde mit mittlerer Kraft zu bewegen. Jeder kann dadurch das Risiko halbieren, an einem Herzinfarkt zu sterben. Andere gesundheitliche Probleme wie Bluthochdruck, Diabetes mellitus, Hörsturz oder Verdauungsstörungen treten gar nicht erst auf, wenn dieser Rat frühzeitig und konsequent genug befolgt wird.

Entsäuern durch Bewegung

Wie entscheidend die Lebensqualität durch regelmäßige Bewegung zunimmt, während das Krankheitsrisiko sinkt, hat eine Studie gezeigt, die der Deutsche Sportbund in Zusammenarbeit mit dem AOK-Bundesverband durchgeführt hat. Die Auswertung der Daten von 44 000 Erwachsenen im Alter zwischen 25 und 69 Jahren bestätigte den großen positiven Einfluss von körperlichem Training auf das Gesamtbefinden. Das ist kein Wunder. Denn durch regelmäßige körperliche Bewegung, die u. a. zu erhöhter Herz-, Muskel- und Atemarbeit führt, wird der Körper nicht nur trainiert, sondern auch konsequent entsäuert.

Bei einer mittelstarken sportlichen Belastung, wie etwa beim Joggen oder Radfahren, verzehnfacht sich der Sauerstoffverbrauch, die Menge der eingeatmeten Luft ist sogar 15-mal größer als im Ruhezustand. Es wird also immer mehr Sauerstoff zugeführt als verbraucht. Bei ei-

Nicht nur der Körper, sondern auch die Seele profitieren von regelmäßiger Bewegung: Angstzustände und Depressionen werden durch Joggen, Walking oder Radfahren positiv beeinflusst.

Wandern ist eine altersunabhängige, sanfte Sportart, die die Ausdauer des Körpers trainiert.

ner starken sportlichen Belastung dagegen verbraucht der Körper mehr Sauerstoff als die Lunge zuführen kann. Dann schaltet der Organismus zur Energiegewinnung auf die so genannte Zellatmung um, bei der im Muskel vermehrt Säuren erzeugt werden.

Bei nur mäßiger Anstrengung tritt dieses Problem nicht auf. Die gesundheitlichen Vorteile überwiegen hier eindeutig, denn der Pulsschlag verdoppelt sich, während der Blutfluss sich sogar vervierfacht und damit eine optimale Sauerstoffversorgung des gesamten Organismus sichergestellt ist.

Gemeinsam macht Sport noch mehr Spaß, und die Motivation, sich regelmäßig sportlich zu betätigen, ist in Gesellschaft größer. Melden Sie sich doch in einem Sportverein an, oder legen Sie zusammen mit Ihrer Familie oder Freunden einmal pro Woche einen Fitnesstag ein.

Training und Säure-Basen-Haushalt

Im Hinblick auf die angestrebte Säure-Basen-Balance hat körperliche Betätigung eine ganze Reihe von positiven Folgen:

- Durch die Muskelarbeit werden Säureschlacken in den Muskeln und im benachbarten Bindegewebe mobilisiert und abtransportiert.
- Die erhöhte Atemfrequenz und das vergrößerte Atemvolumen verbessern die Entsorgung der Kohlensäure, die beim Zellstoffwechsel im Körper entsteht.
- Die gesteigerte Kreislaufaktivität beschleunigt den Transport von Nähr- und Basenstoffen in die Körperzellen sowie den Abbau von neutralisierten Säuren.
- Mit dem Schweiß werden Säuren ausgeschieden.

Die Entsäuerung durch Aktivität ist zugleich auch verantwortlich für die gute Laune, die durch Sport bewirkt wird. »Sporttreibende in allen Altersklassen weisen eine höhere Zufriedenheit auf als Inaktive« sagt die erwähnte Studie. »Sportlich Aktive klagen auch weniger häufig über Belastungen, die sich aus der beruflichen Tätigkeit ergeben. Und sie berichten über eine geringere Anzahl an gesundheitlichen Beschwerden.«

Sauerstoff und freie Radikale

Ein Grund für die positiven Gesundheitseffekte ist, dass ein trainierter Körper mit krank machenden Einflüssen wie etwa dem so genannten oxidativen Stress viel besser fertig wird als ein untrainierter. Unter oxidativem Stress versteht man die Schädigung von Körperzellen durch freie Radikale. Dabei handelt es sich um sehr reaktionsfreudige Molekülteile, die im Organismus vorwiegend bei Sauerstoffreaktionen entstehen. Sie schädigen Zellen und deren Erbinformationen, was zu krankhaften Zellveränderungen führen kann.

Die Wissenschaftler rätseln derzeit noch über die Gründe, weshalb ausgerechnet ein Organismus, dem bei sportlicher Betätigung 10- bis 20-mal mehr Sauerstoff zugeführt wird als dies im Ruhezustand der Fall ist, mit den negativen Seiten des Sauerstoffs besser fertig wird. Eigentlich müssten bei erhöhter Sauerstoffzufuhr auch größere Probleme durch freie Radikale entstehen. Dies ist jedoch nicht so. Im Gegenteil: Körperliches Training stärkt die Abwehrkräfte, verlängert die Lebenserwartung und erhöht die Lebensqualität.

Man unterscheidet zwei Arten von Stress: Der positive Stress, auch Eustress genannt, ist wichtig für die Aktivierung des Organismus. Der negative Stress (Disstress) dagegen ist eine Folge von Leistungs- und Zeitdruck und hat schlechte Auswirkungen auf unser Wohlbefinden und unsere Gesundheit.

Ausgeglichenheit und Leistungskraft

Auch der Zusammenhang zwischen Entsäuerung und dem seelischen Wohlbefinden liegt auf der Hand: Durch die Verringerung der Säurebelastung wird das vegetative Nervensystem günstig beeinflusst – der Parasympathikus wird stärker aktiviert als der Sympathikus. Das bedeutet Ruhe, Ausgeglichenheit und weniger Stress.

Weitere positive Begleiterscheinungen sind die Stärkung des Abwehrsystems, eine geringere Infektionsanfälligkeit, eine bessere Verdauung sowie eine verbesserte körperliche und geistige Leistungsfähigkeit.

Der kleine Fitnesstest

Wer wissen möchte, ob er überhaupt fit genug ist für ein maßvolles Körpertraining, dem empfiehlt sich ein ganz einfacher Fitnesstest, der ohne Hilfsmittel überall und jederzeit ausgeführt werden kann:

Übertreiben Sie nicht! So positiv die Auswirkungen von Sport auf unseren Körper sind, ein Zuviel ist ebenso schädlich.

- Setzen Sie sich auf den Boden. Stützen Sie sich rückwärts mit den Händen ab. Nun heben Sie das Gesäß an, bis Ihr Körper von den Schultern bis zu den Fersen eine gerade Linie bildet.
- Wenn Sie diese Position problemlos eine Minute (oder länger) halten können, sind Sie fit für ein sanft beginnendes und sich allmählich steigerndes Training.
- Haben Sie Probleme damit, sollten Sie sich ein bis zwei Monate lang durch leichte Gymnastik fit machen. Als Einstieg empfehlen sich sanfte Dehnübungen, die Ihre Muskeln trainieren und kräftigen (Stretching). Stretchingkurse werden von vielen Sportvereinen angeboten, Sie können sich die Übungen aber auch mit Hilfe eines Buchs selbst aneignen.

Walken Sie sich fit: Selbst in großen Städten finden sich Parks, Uferwege oder Grünanlagen, die sich optimal für ein schnelles, zügiges Gehen eignen.

Es ist erstaunlich, wie man ohne Sportgeräte und ohne Fitnessstudio in kurzer Zeit die Muskeln in Form bringen kann. Beim Bewegungsprogramm kommt es übrigens gar nicht so sehr darauf an, immer eine halbe Stunde oder länger am Stück zu trainieren. Jeder kann seine Aktivitäten bei Bedarf in bequeme Portionen zerlegen. Z. B. zehn Minuten zügig gehen (zum Einkaufen, zur übernächsten U-Bahn-Station etc.), 15 Minuten Staub saugen und fünf Minuten Treppen steigen. Sie können auch morgens 15 Minuten joggen und irgendwann später am Tag 15 Minuten Gymnastik machen.

Am besten sind Sportarten, die mit wenig Aufwand verbunden sind und das ganze Jahr über ausgeübt werden können. Es ist auch schöner, Sport im Freien zu betreiben und nicht an eine Halle gebunden zu sein.

Ideal – das schnelle Gehen

Eine effektive Form der Bewegung ist das schnelle Gehen (vielen auch geläufig unter dem Begriff »Walking«). Gehen ist im Grund genommen ja keine Sportart, sondern die natürliche Fortbewegungsweise des Menschen. Eine Untersuchung an der Bundeswehr-Sportschule in Warendorf hat mehrere Sportarten in ihren Auswirkungen auf die Gesundheit miteinander verglichen. Dabei ergab sich: Den größten gesundheitlichen Vorteil hatten die Walker, die dreimal pro Woche eine bis eineinhalb Stunden zügig gegangen waren. Bei ihnen waren die höchste Gewichtsabnahme, die besten Cholesterinwerte und der stärkste Gesundheitseffekt für den Kreislauf zu verzeichnen. Der weitere Vorteil liegt im geringen Gelenkverschleiß. Beim Joggen dagegen werden Knie, Füße und Hüfte dreimal stärker belastet. Das schnelle Gehen kann außerdem länger durchgehalten werden, bringt einen beachtlichen Kalorienverbrauch und kräftigt Muskeln und Sehnen. Darüber hinaus gilt es als ideale Abhärtung gegen Erkältung oder Grippe. Ein weiterer Vorteil besteht darin, dass es bis auf bequeme Schuhe keiner besonderen Ausrüstung bedarf.

Essen Sie sich schlank

Viele Menschen machen den Fehler, das Mittagessen ausfallen zu lassen und dafür spät abends ausgiebige Mahlzeiten zu sich zu nehmen. Oder sie frühstücken morgens überhaupt nicht und stürzen sich mit leerem Magen in den Alltag. Sie wissen offenbar nicht, dass man morgens sogar recht tüchtig essen kann, ohne dabei zuzunehmen. Wer die gleiche Kalorienzahl dagegen am Abend verzehrt, setzt Pfunde an. So lässt sich auch erklären, weshalb in den Mittelmeerländern Übergewicht so häufig ist. Die umfangreichste Mahlzeit des Tages wird in diesen Ländern fast immer während der späten Abendstunden eingenommen.

Gegen den Hunger am Abend empfehlen sich Fruchtsäfte, Gemüsesäfte oder eine leichte Gemüsebrühe. Manchmal lässt sich der Appetit schon mit einer Tasse Tee vertreiben.

Die optimale Ernährungsweise

Dass die Fettverbrennung nachts so sparsam ist, hat etwas mit den Hormonen im Körper zu tun. Mit Melatonin beispielsweise, mit dem Wachstumshormon Somatotropin (STH) und einem Hormon, genannt Dehydroepiandrosteron (DHEA). Dies sind allesamt Substanzen, die normalerweise nachts vermehrt gebildet werden. Eine schwere Mahlzeit am Abend bremst die Bildung dieser Hormone. Melatonin beispielsweise senkt die Stoffwechselaktivität und damit auch die Körperwärme, was ganz nebenbei einen erholsamen Schlaf fördert. Zudem verhindert es die Entstehung freier Radikale, die den Alterungsprozess beschleunigen. Eine Ernährungsweise, bei der das Abendessen gestrichen wird, kann den Menschen also jung und vital halten.

Ob süß oder salzig: Für das Frühstück sollten Sie sich Zeit nehmen.

Die Nährstoffdichte ist wichtig

Während der jahrtausendelangen Entwicklung war die Nahrung des Menschen, so drücken es die Wissenschaftler aus, »von geringer Energiedichte«, dafür aber »von hoher Nährstoffdichte«. Die überwiegend pflanzliche Ernährung hatte einen hohen Anteil an Vitaminen, Mineralstoffen und Spurenelementen sowie an unverdaulichen und löslichen Faserstoffen. Die Kalorienzufuhr war verhältnismäßig gering, die Kalorien wurden vorrangig über Kohlenhydrate bezogen, die Nahrung enthielt wenig Eiweiß und sehr wenig Fett.

Bitte bedenken Sie, dass fettreiche Lebensmittel in der Regel nicht nur besonders kalorienreich sind, sondern auch den Säure-Basen-Haushalt nicht positiv beeinflussen. Allerdings bilden Fette im Gegensatz zu Zucker keine neuen Säuren.

In unseren hoch industrialisierten Ländern aber essen wir genau umgekehrt: Wir nehmen Nahrungsmittel von enorm hoher Kaloriendichte zu uns, sie reichen von üppig zubereiteten Fleisch- und Fischspeisen über fette Käse bis hin zu gezuckerten Delikatessen, fetttriefenden Pommes frites und hochprozentigem Alkohol.

Zu viele Säurebildner

Mit der Zunahme der Energiedichte ging dem Menschen auch das Säure-Basen-Gleichgewicht verloren. Heute nehmen wir rund 80 Prozent Säurebildner und nur noch 20 Prozent Basenlieferanten mit der Nahrung auf. Genau umgekehrt müsste es aber sein. Dann wäre nicht nur das Problem der Übersäuerung, sondern auch das Problem des Übergewichts gelöst. Brot, Gemüse, Obst, Kartoffeln und Nudeln, die einen beachtlichen Anteil an Ballaststoffen bei relativ geringer Energiedichte liefern, machen dauerhaft satt – fette Speisen dagegen nicht. Wer sich mit Hilfe von wenigen Kalorien gut sättigen kann, wird sich daher kaum übermäßig mit fettigen, süßen Dickmachern vollstopfen. So lässt sich auch das erreichte Wunschgewicht dauerhaft halten.

Elemente der ausgewogenen Ernährung

In der Tabelle auf Seite 30 finden Sie geläufige Nahrungsmittel, eingeteilt in Säure- und Basenlieferanten. Vielleicht wundern Sie sich, dass Getreideprodukte wie Brot und Nudeln auf der »sauren Seite« stehen und trotzdem empfohlen werden. Sowohl Reis als auch Getreideprodukte verstoffwechseln, indem sie Säure bilden; zugleich liefern sie aber auch eine ganze Menge von Basenstoffen und wichtigen Spurenelementen, so dass sie aus einer ausgewogenen Diät nicht wegzudenken sind. Zum Ausgleich sollten ausreichend Gemüse, Salate und Obst verzehrt werden.

Auch die chemische Zusammensetzung dieser Nahrungsmittel lässt nicht ohne weiteres erkennen, ob sie im Körper säuernd oder alkalisierend wirken. Das Salz einer schwachen organischen Säure (etwa Askorbinsäure oder Essigsäure) wirkt alkalisierend, weil es bei der Reaktion mit Sauerstoff ein fremdes Proton verbraucht, das dann anderweitig zur Säureerzeugung fehlt. Deshalb ist es Unsinn, vor sauren Früchten oder sauer eingelegten Gemüsen zu warnen. Essig- und Zitronensäure haben im Stoffwechsel immer eine basische Bilanz.

Eine bewusste Ernährungsweise setzt auf frische Lebensmittel und verzichtet weitgehend auf Fertigprodukte. Denn die natürlichen Vitalstoffe wie Vitamine, Mineralstoffe und Spurenelemente sind in diesen Lebensmitteln oft nur noch geringfügig enthalten.

Nicht die Schnelligkeit entscheidet

Die Säure-Basen-Diät funktioniert nach dem Grundsatz: Essen, um abzunehmen. Auf diese Weise verliert man zwar nicht sehr schnell an Gewicht, dafür aber nachhaltig und auf angenehme Weise.

Meist scheitert eine Diät daran, dass viele Menschen, die Gewicht abnehmen möchten, von vornherein einen falschen Weg einschlagen, der ihnen dann das Durchhalten unmöglich macht.

Eine Ernährung im Sinne des Säure-Basen-Gleichgewichts bedeutet lediglich, dass Sie in der Bilanz mehr Basen als Säuren zu sich nehmen sollten. Ein gewisses Quantum an Säure bildenden Nahrungsmitteln ist durchaus erlaubt.

Was Sie für Ihre Diät wählen sollten

Basenlieferanten bzw. neutrale Nahrungsmittel		**Säurelieferanten bzw. Säureerzeuger**	
Kartoffeln	+++	Fleisch und Innereien	–
Gemüse	+++	Geflügel (Huhn, Ente, Gans, Pute)	–
Salate (grün)	+++	Wild (Hase, Reh, Hirsch, Wildschwein)	–
Obst	++	Eier (Dotter ist basisch)	–
Milch	+	Käse, Quark	+
Butter, Margarine	+	Zucker	– – –
Pflanzliche Öle	+	Süßigkeiten (Schokolade, Bonbons, Eiskrem, Marzipan, Kuchen, Torten)	– – –
Wildkräuter	++	Getreideprodukte (Brot, Nudeln, Spätzle, Brötchen)	+++
Walnüsse	+	Reis	+++
Mineralwasser	+++	Gezuckerte Getränke (Cola, Eistee, Fruchtnektar)	– – –
Leitungswasser	+++	Alkohol	– –

+++ = bevorzugt essen
++ = gut für Säure-Basen-Balance
\+ = gut, aber kalorienreich
– – – = möglichst strikt meiden
– – = in kleinen Mengen erlaubt
– = nicht öfter als zweimal wöchentlich

Das Eiweißfasten

Während bei einer Gewichtszunahme 75 Prozent des gebildeten Gewebes aus Fett aufgebaut werden, ist es bei der Gewichtsabnahme anders: Es wird ein deutlich geringerer Anteil an Fett abgebaut, dafür aber vermehrt Körpereiweiß. Anzuraten ist deshalb eine Kalorienreduzierung, die weder etwas mit strengem Fasten noch mit Hungern zu tun hat. Die Ernährungswissenschaftler sprechen von »modifiziertem Fasten« – ich nenne diese Diät lieber Eiweißfasten.
Die Überlegung, die dahinter steckt, ist folgende: Beim Eiweißfasten wird die Aufnahme von Fett und tierischem Eiweiß drastisch gesenkt, dafür wird der Anteil an pflanzlichem Eiweiß gesteigert. Auf diese Weise kann es nie zu einem übermäßigen Verlust an Eiweiß kommen. Auch Magenknurren droht beim Eiweißfasten nicht, denn die Versorgung mit sättigenden Kohlenhydraten ist ausreichend.

Pflanzliches Eiweiß findet sich vor allem in Getreide, Kartoffeln, Gemüse und Hülsenfrüchten. Fleisch, Fisch, Milchprodukte und Eier sind hingegen reich an tierischem Eiweiß. Achten Sie darauf, nicht zu viel tierisches Eiweiß zu sich zu nehmen, da dies den Körper mit Säure belastet.

Viel Kohlenhydrate …

Kohlenhydrate sind überhaupt das Entscheidende an der Entsäuerungsdiät. Entgegen aller Redensarten, die der Volksmund parat hat, tragen Kohlenhydrate – anders als Fette – zur schlanken Linie bei. Denn im menschlichen Stoffwechsel gilt: Fett braucht nur drei Prozent der zugeführten Kalorien, um im Körper in Fettdepots umgewandelt zu werden. Um Kohlenhydrate oder Eiweiß in Fettdepots zu verwandeln, werden dagegen 23 Prozent der zugeführten Kalorien verbraucht. Mit anderen Worten: Kohlenhydratreiche Nahrungsmittel, wie z. B. Brot, Getreideprodukte und Kartoffeln, feuern den Organismus an, sie steigern Verbrennung, Leistungsfähigkeit und Körpertemperatur.

… und wenig Fett

Wer dagegen übermäßig viel Fett verzehrt, bei dem werden die Kalorien schnell in Fettpolster umgewandelt. Ein prägnantes Beispiel: Nähme ein Mensch täglich über den Tagesbedarf hinaus 100 Kilokalorien über Fett zu sich, würde er nach einem Jahr 9,3 Kilogramm mehr wiegen als wenn er pro Tag 100 Kilokalorien in Form von Kohlenhydraten extra aufgenommen hätte.

Mit einer Einschränkung der Fettzufuhr werden Sie auf jeden Fall Ihr Körpergewicht reduzieren. Wenn Sie dabei noch auf die Gesamtkalorienzahl achten, so werden Sie Ihr neues Gewicht dauerhaft halten können.

Eine Ernährung im Sinne des Säure-Basen-Gleichgewichts sollte also einen besonders hohen Anteil an Kohlenhydraten enthalten. Fett ist zwar eigentlich »Säure neutral«, muss aber deshalb erheblich reduziert werden, weil es Übergewicht am drastischsten fördert. Und Übergewicht – Sie wissen es bereits – beschleunigt alle Säure bildenden Stoffwechselprozesse.

Fette sind Dickmacher

Der Schlüssel zur Schlankheit liegt im Fettverzehr. Die nachhaltigsten Gewichtsabnahmen werden immer dann erzielt, wenn die Menge des täglichen Fettverzehrs stark, die Gesamtkalorienzahl aber nur mäßig verringert wird. Bewährt haben sich Diätpläne, die täglich 1000 bis 1500 Kilokalorien gestatten – in diesem Rahmen liegen auch die Rezepte, die für dieses Buch zusammengestellt wurden. Oft bewegen sich die Kalorienzahlen dabei eher im oberen Bereich (um 1500 Kilokalorien), weil davon ausgegangen wird, dass auch regelmäßiges körperliches Training stattfindet. Dieses setzt eine satt machende Ernährung voraus und verbraucht zusätzliche Kalorien. So kann man verhältnismäßig große Mengen an sättigenden, kohlenhydrathaltigen Nahrungsmitteln verzehren, während man mit Fett und tierischem Eiweiß sparsam umgeht.

Das ist gut fürs Eiweißfasten

Nahrungsmittel	Kalorien (kcal/100g)	Eiweiß (g/100 g)	Fett (g/100 g)	Kohlenhydrate (g/100 g)	Ballaststoffe (g/100 g)
Sojabohnen	370	35,9	18,6	15,8	15,7
Erdnüsse	608	25,3	48,0	12,2	7,0
Bohnen, weiß	300	23,5	1,6	54,0	8,2
Linsen	325	23,5	1,4	52,0	10,6
Kidneybohnen	266	22,1	1,4	44,1	15,7
Erbsen, gelb	342	22,0	1,4	56,0	16,0
Kichererbsen	314	19,8	3,4	48,6	10,7
Walnüsse	680	14,4	62,5	10,0	4,6
Paranüsse	697	13,6	66,8	3,6	6,7
Vollkornnudeln	342	12,6	3,6	59,9	8,8
Nudeln (ohne Ei)	342	12,0	1,8	72,0	3,4
Haselnüsse	672	12,0	61,6	11,4	7,4
Hafer	358	11,7	7,1	59,8	5,6
Weizen	316	11,7	2,0	61,0	10,3
Grünkern	327	10,8	2,7	63,3	8,8
Roggen	299	8,8	1,7	60,7	13,2
Mais	333	8,5	3,8	64,7	9,2
Tofu (Sojaquark)	73	8,1	4,2	0,7	0,3
Reis (Vollkorn)	347	7,2	2,2	73,4	2,9
Erbsen, grün	84	6,6	0,5	12,6	4,3
Rosenkohl	35	4,5	0,3	3,8	4,4
Grünkohl	36	4,3	0,9	3,0	4,2
Pommes frites	272	4,3	13,2	31,1	3,5
Zuckererbsen	68	3,4	0,2	12,0	2,5
Brokkoli	26	3,3	0,2	2,8	3,0

Nüsse sind zwar gesund, haben aber einen hohen Fettgehalt. Verzichten Sie also auf das Studentenfutter zwischendurch, und knabbern Sie stattdessen lieber in Streifen geschnittenes frisches Gemüse wie Karotten, Sellerie, Gurken oder Paprikaschoten.

Nicht mehr als 30 Prozent

Achten Sie unbedingt auch auf die Träger von versteckten Fetten wie Fleisch, Wurst, Milch, Käse, Eier, Kuchen und Nüsse. Auch wenn Fette lebenswichtig sind, sollten sie nie im Übermaß genossen werden.

Es wurden Studien durchgeführt, wo Teilnehmer so viel essen durften, wie sie wollten – Hauptsache, am Fett wurde konsequent gespart. Die Mitglieder der einen Gruppe, die sich auf diese Weise fettreduziert ernährten, hatten nach drei Wochen täglicher Sättigung bereits ein Kilogramm Körperfett verloren, während die Teilnehmer der Vergleichsgruppe, die sich ohne Fetteinschränkung immer satt essen durften, in der gleichen Zeit ein knappes Kilogramm zunahmen.
Im Durchschnitt nimmt der deutsche Bürger zwischen 40 und 50 Prozent seiner täglichen Kalorien über sichtbare und versteckte Fette zu sich. Das ist katastrophal. Als ideal gilt nämlich ein Fettanteil, der zwischen 25 und 30 Prozent liegt. 55 Prozent der Gesamtkalorien sollten aus Kohlenhydraten stammen und nur 15 Prozent aus Eiweiß.

Sind Milchprodukte erlaubt?

Auch wenn Milchprodukte verhältnismäßig viel Fett enthalten, sollte man nicht gänzlich auf ihren Verzehr verzichten. Denn sie enthalten neben Fett und Eiweiß auch wichtige Mineralstoffe wie Kalzium, Kalium, Magnesium, Zink, Selen und Jod. Der menschliche Körper kann aber Mineralien wie Kalzium aus Käse erheblich besser verwerten als aus Milch oder aus Spinat.
Bei Milch, Joghurt und Käse sollten bevorzugt Sorten mit niedrigen Fettgehaltstufen gewählt werden. Bei Käsesorten wird der Fettgehalt grundsätzlich als »Fett i. Tr.« (in Bezug auf die Trockenmasse) angegeben. Der wirkliche Fettanteil errechnet sich, wenn man die Angabe »Fett i. Tr.« halbiert. Am besten kaufen Sie Produkte zwischen Dreiviertelfett- und Magerstufe.

Der Fettgehalt in Käse

Fettstufe	Käsesorten	Fett i.Tr. (in %)	Fettgehalt (in g/100 g)
Doppelrahmstufe	Camembert, Butterkäse, Doppelrahmfrischkäse	60 (und höher)	bis 34
Rahmstufe	Brie, Chester, Camembert, Rahmfrischkäse	50 – 60	bis 29
Vollfettstufe	Tilsiter, Gouda, Emmentaler, Edelpilzkäse	45 – 50	bis 27
Fettstufe	Tilsiter, Schmelzkäse, Edamer	40 – 45	bis 23
Dreiviertelfettstufe	Edamer, Camembert, Schmelzkäse	30 – 40	bis 14
Halbfettstufe	Romadur, Limburger, Frischkäse, Schmelzkäse	20 – 30	bis 11
Viertelfettstufe	Schichtkäse, Kochkäse, Harzer, Korbkäse	10 – 20	bis 3
Magerstufe	Magerquark	Weniger als 10	Weniger als 3

Viele Light-Käse-Produkte entsprechen der Dreiviertelfettstufe. Sie sind oft wesentlich teuerer als Käsesorten der gleichen Fettstufe, die aber nicht ausdrücklich als Lightprodukte angeboten werden.

Die unterschiedlichen Fettsäuren

Sehr wichtig ist es, auf die Art der Fette zu achten, die verzehrt werden. Man unterscheidet dreierlei Arten von Fettsäuren.

Fett macht dick und hat die meisten Kalorien von allen Nahrungsmitteln. Dennoch übernehmen Fette lebenswichtige Aufgaben im menschlichen Körper. Sie transportieren fettlösliche Vitamine, sie sind Energie- und Wärmelieferanten, polstern die Haut und dienen als Schutzschicht für die inneren Organe.

Gesättigte Fettsäuren: Sie kommen vor allem in tierischen Fetten wie Schweine- oder Rinderfett, in Butter, Kokosfett und Palmkernfett vor. Für die Gesundheit spielen gesättigte Fettsäuren keine große Rolle.

Einfach ungesättigte Fettsäuren: Sie sind am Aufbau von wichtigen körpereigenen Wirkstoffen beteiligt. Olivenöl, Rapsöl, Erdnussöl und Weizenkeimöl enthalten einen besonders hohen Anteil an einfach ungesättigten Fettsäuren.

Mehrfach ungesättigte Fettsäuren: Sie beeinflussen den Cholesterinstoffwechsel, das Zellwachstum und die Fruchtbarkeit. Einen sehr hohen Prozentsatz an mehrfach ungesättigten Fettsäuren enthalten Distelöl, Walnussöl, Leinöl, Sonnenblumen-, Soja- und Maiskeimöl.

Die optimale Fettzusammensetzung

Diese drei Arten von Fettsäuren sollten in etwa zu gleichen Teilen in der täglichen Ernährung vorkommen. Gesättigte Fettsäuren sind zur Genüge in allen tierischen Fetten und Bratfetten, also auch in Gebäck, Schokolade und frittierten Nahrungsmitteln sowie in Fleisch- und Wurstwaren vorhanden. Deshalb sollte man darauf achten, bei der Zubereitung von Speisen zum Ausgleich immer nur Fette oder Öle mit einfach und mehrfach gesättigten Fettsäuren zu verwenden. Pflanzenöle mit mehrfach ungesättigten Fettsäuren verändern sich allerdings bei starker Erhitzung, sie werden dabei zu gehärteten Fetten und verlieren teilweise ihre gesundheitliche Wirkung. Aus diesem Grund sollte zum

Anbraten und Kochen besser Oliven-, Raps- oder Erdnussöl verwendet werden. Sie sind hitzestabil. Empfindliche Öle mit mehrfach ungesättigten Fettsäuren wie Distelöl, Leinöl oder Walnussöl sollten bevorzugt zur Bereitung von Salaten Verwendung finden.

So machen Sie einen schmackhaften, fettarmen Brotaufstrich ganz einfach selbst: Einen Naturtofu zusammen mit ein wenig pflanzlichem Öl pürieren und nach Belieben mit frischen Kräutern, Pfeffer und Salz würzen.

An Streichfetten sparen

Während einer Reduktionsdiät empfiehlt es sich, auf die Verwendung von Streichfetten wie Butter oder Margarine gänzlich zu verzichten. Fällt Ihnen das schwer, gewöhnen Sie sich entweder an, sehr sparsam damit umzugehen, oder greifen Sie für diese Zeit auf Halbfettprodukte zurück.

Alternativen zu Butter und Margarine sind Aufstriche aus Tofu oder pflanzliche Aufstriche aus Linsen, Kichererbsen oder Roter Bete. Fett können Sie auch einsparen, wenn Sie Ihr Brot mit Magerquark bestreichen und mit frischen Kräutern, gehackten Zwiebeln oder Essiggürkchen würzen.

Weizenkeimöl, Avocadoöl, Olivenöl und Mandelöl (von links nach rechts) sind wegen ihrer ungesättigten Fettsäuren ein Muss innerhalb einer ausgewogenen Ernährung.

Kohlenhydrate – die Sattmacher

Kohlenhydrate sind – darauf wurde bereits hingewiesen – bei einer Entsäuerungsdiät entscheidend: Kartoffeln, Brot, Reis, Nudeln und Gemüse versorgen den Körper mit allem, was er an Basenstoffen wie Kalzium, Kalium, Magnesium oder Natrium benötigt, um das Säure-Basen-Gleichgewicht zu halten bzw. wiederherzustellen. Eine kohlenhydratreiche Diät ist darüber hinaus in der Lage, den bei Übergewichtigen meist erhöhten Cholesterinspiegel zu normalisieren; eine eiweißreiche Diät wirkt sich dagegen nicht positiv darauf aus.

Wenn Sie auf Süßes nicht verzichten möchten, sollten Sie besser Honig statt Zucker verwenden. Honig enthält Mineralstoffe und Enzyme, greift allerdings die Zähne genauso an wie Zucker.

Nun gibt es zweierlei Arten von Kohlenhydraten, die »bösen« und die »guten«. Zwischen diesen muss unterschieden werden.

Einfachzucker

Zu meiden sind in der Säure-Basen-Diät die Einfachzucker (Mono- oder Disaccharide). Dazu gehören der raffinierte Haushaltszucker, aber auch Traubenzucker, Fruchtzucker (Fruktose) und Milchzucker (Laktose).

Auf diese Arten von Zucker, wie sie in süßem Gebäck, gesüßten Getränken und Bonbons, Schokoriegeln, Schokolade, in Sirup, Honig und Marmeladen, aber auch in allen Obstsorten enthalten sind, sollte weitgehend verzichtet werden. Einfachzucker heben den Blutzuckerspiegel sehr plötzlich an und führen dadurch zu einer heftigen Ausschüttung von Insulin durch die Bauchspeicheldrüse, was den Zuckerspiegel sofort wieder senkt. Obwohl reichlich Kalorien zugeführt wurden, tritt bald ein erneutes Hungergefühl auf. Mit unserer täglichen Obstration erhalten wir bereits ausreichend Einfachzucker. Deshalb sollten wir – vor allem während der Reduktionsdiät – Süßigkeiten meiden.

Da es sich erwiesen hat, dass Diätpläne, die allzu radikal eine völlige Ernährungsumstellung verlangen, kaum je gut gelaunt durchgehalten werden, sei allen, die einen ausgeprägten Hang zum Süßen haben, durchaus gelegentlich eine süße Kleinigkeit gestattet.

Beziehen Sie den für die Energiebereitstellung unseres Körpers nötigen Zucker aus stärkehaltigen Nahrungsmitteln wie z. B. Reis, Weizen, Vollkornnudeln, Bohnen, Linsen oder Bananen.

Was an Stärke im Essen steckt

Nahrungsmittel	Mehrfachzucker (g/100 g)	Einfachzucker (g/100 g)	Kohlenhydrate gesamt (g/100 g)
Teigwaren, Reis	71,0	1,2	72,2
Getreideprodukte	65,0	0,2	65,2
Brot	45,0	0,9	45,9
Hülsenfrüchte	45,0	1,2	46,2
Kartoffeln	14,8	1,3	16,1
Obst	0,4	10,5	10,9
Gemüse	0,1	3,2	3,3
Milch, Milchprodukte	0	4,5	4,5
Fruchtsäfte	0	12,7	12,7
Süßwaren	0	65,0	65
Cola	0	11,0	11,0
Hühnerei	0	0,7	0,7
Käse	0	0,5	0,5
Wurstwaren	0	0,1	0,1
Fleisch	0	0	0
Fisch	0	0	0

Mehrfachzucker

Bevorzugt werden sollten die Mehrfachzucker, auch komplexe Kohlenhydrate oder Polysaccharide genannt. Sie bestehen aus hochmolekularer Stärke, die vor allem in Getreide, aber auch in Kartoffeln, Reis, Hülsenfrüchten und Gemüse enthalten ist. Die Polysaccharide sollten den Hauptanteil bei der Kohlenhydratzufuhr ausmachen. Sie bewirken eine dauerhafte Sättigung, da komplexe Kohlenhydrate nur allmählich vom Organismus aufgespalten, in Einfachzucker umgewandelt und nach und nach als Brennstoff für den Körper in das Blut abgegeben werden.

Die Kartoffel ist reich an wertvollen Nährstoffen. Sie ist damit eine optimale und preiswerte Grundlage für eine vollwertige und gesunde Ernährung.

Ein Hoch auf die Kartoffel

Unter allen Nahrungsmitteln gebührt der Kartoffel ein Spitzenplatz. Denn die Kartoffel enthält in Relation zu ihrem Gewicht recht wenige, dafür aber sehr wertvolle Mehrfachzucker (Kartoffelstärke). Man kann also eine große Menge davon essen, ohne damit viele Kalorien aufzunehmen. Außerdem verfügt die Kartoffel über hochwertiges Eiweiß, eine Menge Kalium und Magnesium und sogar mehr Vitamin C als Möhren, Kopfsalat oder Zwiebeln. Auch enthält sie eine Reihe von Vitaminen aus dem B-Komplex.

Und das Allerwichtigste: Unter allen stärkehaltigen Nahrungsmitteln ist die Kartoffel neben Salat und Gemüse eindeutig auf der basischen Seite. Getreideprodukte, Reis und Hülsenfrüchte, so wichtig sie auch als Lieferanten von wertvollen Basenmineralien sein mögen, weisen eine etwas saure Bilanz im Stoffwechsel auf. Deshalb sollten Teigwaren, Reis und Getreideprodukte zum Ausgleich stets mit möglichst üppigen Gemüseportionen kombiniert werden.

Eiweiß – wenig, aber hochwertig

Der Organismus braucht pro Tag und Kilogramm Körpergewicht nur ungefähr ein knappes Gramm (exakt 0,8 Gramm) Eiweiß, ein Mensch, der 70 Kilogramm wiegt, deckt also seinen Bedarf mit knapp 60 Gramm. Wer mehr isst, tut sich also nicht unbedingt etwas Gutes. Ein Eiweißüberschuss führt nämlich nicht nur zur Übersäuerung des Körpers, er kann auch Nierenkrankheiten und Krebs begünstigen. Fest steht, dass eine Ernährung, die einen Eiweißanteil von nur etwa 15 Prozent aufweist, vor Nierenschäden und vor Tumorkrankheiten bewahren kann. Bei der Entsäuerungsdiät sollte hauptsächlich auf Nahrungsmittel zurückgegriffen werden, die pflanzliches Eiweiß liefern. Eier, Käse, Fleisch und Fisch sind nicht generell verboten, sollten aber nur in geringen Mengen in den Ernährungsplan eingebaut werden. Darüber hinaus ist es gut, wenn (fettarme) Milchprodukte wie Joghurt oder Magerquark zur Deckung des Eiweißbedarfs beitragen.

Wenn Sie Probleme mit den Nieren haben, sollten Sie Rettich als Heilmittel ausprobieren. Seine Wirkstoffe können Entzündungen von Nieren und Blase lindern.

Kartoffeln sind das beste Grundnahrungsmittel für einen ausgewogenen Säure-Basen-Haushalt.

Die Wertigkeit von Eiweiß

Ähnlich wie es diverse Klassen von Fetten gibt, ist auch Eiweiß aus verschiedenen Nahrungsmitteln von unterschiedlichem Wert für die menschliche Ernährung. Das bedeutet, dass der Organismus sich unterschiedlich schwer mit der Verwertung tut. Was nicht gleichbedeutend damit ist, dass niedrigwertiges Eiweiß im abschätzigen Sinn der Wortbedeutung auch minderwertig wäre. Der Körper braucht davon im Vergleich zu höherwertigem Eiweiß nur etwas mehr. Wissenschaftler haben für einzelne Nahrungsmittel eine Wertigkeitsskala aufgestellt, die theoretisch von 0 bis 100 reicht. 100 bedeutet die maximale, 0 die niedrigste Wertigkeit eines einzelnen Nahrungsmittels.

Bevorzugen Sie pflanzliches Eiweiß. Tierische Nahrungsmittel haben zwar einen hohen Eiweißanteil, aber auch sehr viel Fett und keinerlei Kohlenhydrate und Ballaststoffe. Ideale Eiweißlieferanten sind Hülsenfrüchte, Soja- und Getreideprodukte.

Tägliche Bedarfsdeckung

Durch die optimale Kombination verschiedener Eiweißlieferanten in einer Mahlzeit kann die Wertigkeit sogar auf weit über den Maximalwert 100 erhöht wer-

Eiweiß ist nicht gleich Eiweiß

Protein aus	Wertigkeit	Protein aus	Wertigkeit
Ei + Kartoffeln	136	Milch	88
Ei + Sojaprodukten	123	Fisch	87
Ei + Milch(produkten)	122	Soja	86
Milch + Weizen	110	Käse	84
Ei + Reis	106	Reis	81
Bohnen + Mais	100	Roggenmehl	76
Ei	100	Bohnen, weiß oder rot	73
Kartoffeln	98	Mais	72
Rindfleisch	91	Weizenmehl	57

den. Liegt eine geringe Wertigkeit vor, dann erhöht sich der tägliche Bedarf an dem entsprechenden Eiweiß. Beispiel: Der Mensch braucht, wenn er seinen Eiweißbedarf durch hochwertiges Eiweiß aus Hühnereiern decken will, pro Tag und Kilogramm Körpergewicht ein halbes Gramm – das macht bei einem 70-Kilogramm-Mann 35 Gramm Hühnereiweiß (dafür müsste er vier Eier verzehren, was für den Cholesterinspiegel nicht empfehlenswert ist). Will er seinen Eiweißbedarf durch Weizenmehlprodukte decken, so braucht er rund 60 Gramm Eiweiß aus diesem Getreide. Das entspricht dem Eiweißgehalt von eineinhalb Pfund Weizenbrot – und fast der doppelten Eiweißmenge, als wenn Eier verzehrt werden.

Eiweiß ist u. a. auch an der Bildung der roten Blutkörperchen beteiligt. Diese übernehmen im Säure-Basen-Haushalt eine wichtige Funktion.

Die Halbpfundregel

Einige Ernährungswissenschaftler haben ihre neuesten Erkenntnisse in einer Formel zusammengefasst – der Halbpfundregel: Danach sollte der Mensch von Säure bildenden Nahrungsmitteln wie Fleisch, Fisch, Wurst, Käse und Eiern jeweils nicht mehr als insgesamt ein halbes Pfund in der Woche verzehren. Dagegen sollte er sich bemühen, am Tag je ein halbes Pfund Gemüse, Brot, Obst und magere Milchprodukte zu essen.

Natürlich müssen nicht pro Tag exakt je 36 Gramm Fleisch, Fisch, Wurst, Käse und Eier auf dem Speisezettel stehen, damit in sieben Tagen die 250 Gramm erreicht werden. Die Abwechslung macht's: Z. B. kann es zweimal pro Woche Fleisch (à 125 Gramm), zweimal Fisch, dreimal 80 Gramm Wurst und zweimal zwei Eier geben. Den Käse können Sie in Portionen von je 40 Gramm (reicht für ein sparsam belegtes Käsebrot) auf sechs Tage in der Woche verteilen.

Umdenken und abnehmen

Beim Entstehen von Übergewicht spielen Gewohnheiten und Moden eine nicht zu unterschätzende Rolle. So muss Spargel mit geklärter Butter serviert werden, und zu einer anständigen Erdbeertorte gehört ein Berg Sahne. Nun stellen Sie sich einmal vor, Sie bekämen den Rat, öfter mal trockenes Brot zu essen. Käme dies nicht einer Aufforderung zum Darben gleich? Dabei wäre eine Kur mit trockenem Brot, ergänzt um Früchte, Salat und Gemüse, allen Übergewichtigen zu empfehlen. Die Sache sähe schon anders aus, wenn diese Ernährungsempfehlung einen klangvollen Namen hätte. Eine »Bauernbrot-Früchte-Diät« hätte sicher gute Chancen, in Mode zu kommen.

Vorlieben für bestimmte Nahrungsmittel scheinen unausrottbar zu sein. Obwohl sie als ungesunde Dickmacher gelten, sind beispielsweise, Schokolade, Hamburger und Knabbergebäck äußerst beliebt.

Genuss oder Gesundheit

Natürlich kann man Erdbeerkuchen auch ohne Sahne und Spargel auch ohne Butter essen – nur wäre dies nach dem Verständnis der meisten Menschen gleichbedeutend mit einem Genussverzicht. Und Essen soll ja schließlich mehr sein als bloße Ernährung. Die Gewohnheiten sind es häufig, die dem Erfolg einer Diät im Weg stehen. Was gesund ist, kann nicht zugleich köstlich sein. Und umgekehrt gilt alles Genussreiche automatisch als ungesund. Die Folge ist: Mit schlechtem Gewissen schlemmt sich der Mensch dick. Und eine in diesem Sinn gesunde Reduktionsdiät gewährleistet zwar ein gutes Gewissen, die Fadheit des Angebotenen macht es allerdings auch sehr schwierig, sie durchzuhalten.

Ernährungsgewohnheiten sind veränderbar: Buchweizen und Tofu sorgen für neue, gesündere Geschmackserlebnisse.

Das Essverhalten ändern

Es gilt also, den Zwängen in Sachen Essen, die Gesundes (z. B. Spargel) mit Ungesundem (Butter) kombinieren, zu entgehen. Am besten sind Speisepläne, die überhaupt nicht mit den Begriffen »gesund« und »ungesund« operieren. Richtiges Essen lässt sich lernen, und nach einiger Zeit wird man es auch als genuss- und nicht als entbehrungsreich empfinden. Es kommt vor allem darauf an, bestimmte Nahrungsmittel, die als wichtig und wertvoll anerkannt sind – beispielsweise Hülsenfrüchte oder Tofu –, regelmäßig auf den Tisch zu bringen. Dies führt zu einer Gewöhnung, die sogar in eine echte Vorliebe münden kann.

Folgende Nahrungsmittel gelten als gesund und erfreuen sich dennoch großer Beliebtheit: Äpfel, Birnen, Orangen, Bananen, Eier, Karotten, Salat, Kakao und Vollmilch.

Hüten sollte man sich aber davor, ungewohnte Speisen in der Anfangsphase allzu oft zu essen. Die Folge kann nämlich sein, dass man dann eine Abneigung entwickelt, die von Ernährungswissenschaftlern spezifischsensorische Sättigung genannt wird. Auch ein Leibgericht darf es ja nicht zu häufig geben, sonst verliert es den Reiz des Besonderen.

Die neue Schlankheitsformel

Wenn Sie es schaffen, jahrelange Ernährungsgewohnheiten hinter sich zu lassen und nach dem Grundsatz essen »Kohlenhydrate machen satt und schlank, Fett macht hungrig und dick«, ist Schlankwerden ganz einfach. Sie müssen nicht mühselig ellenlange Tabellen auswendig lernen und Kalorienzahlen im Kopf hin und her wälzen. Die Erfolgsformel auf dem Weg zur schlanken Figur ist ganz einfach: Essen Sie Gemüse und Salat so viel Sie können. Brot, Kartoffeln, Nudeln oder Reis so viel Sie mögen. Fleisch, Fisch, Käse und Wurst so viel, dass Sie den Geschmack nicht vergessen und vermissen.

Fett aber nur so viel, wie unbedingt sein muss. Sie sollten deshalb vor allem wissen, wo versteckte Fette lauern, und sich vor ihnen in Acht nehmen. Sparen Sie an Butter und anderen Streichfetten, an Öl, Sahne, fetter Wurst und fettem Käse.

Ansonsten können Sie es sich schmecken lassen. Behalten Sie im Kopf, dass Kartoffeln keine Dickmacher sind und Spaghetti kein Armeleuteessen ist. Dass Bohnen, Linsen und Erbsen mit zu den wertvollsten Nahrungsmitteln zählen. Dass man sein Brot nicht dünn schneiden und dick belegen, sondern umgekehrt dick schneiden und dünn belegen sollte.

Wussten Sie schon, wie wertvoll Auberginen oder Heidelbeeren sind? Ebenso ist es mit Gerste oder Erbsen. Sie gehören zu den heilsamsten Nahrungsmitteln überhaupt.

Hilfreich – das Tagebuch

Führen Sie, bevor Sie mit der eigentlichen Diät beginnen, eine Woche lang ein Esstagebuch. Schreiben Sie genau auf, was Sie essen oder trinken, wie viel und zu welcher Uhrzeit. Auf diese Weise können Sie sich Ihre Essgewohnheiten gut vor Augen führen.

Es ist nachgewiesen, dass fast alle Übergewichtigen die Mengen unterschätzen, die sie den Tag über zu sich nehmen. Und das, was sie essen, wird oft verharmlost. Die schriftliche Kontrolle macht es Ihnen leicht, genau nachzuvollziehen, wo Ihre entscheidenden Ernährungsfehler zu suchen sind – sind es die zuckerhaltigen Erfrischungsgetränke, die späten Knabbereien vor dem Fernseher, die Süßigkeiten zwischendurch, oder ist es vielleicht der allzu großzügige Umgang mit Öl und Sahne beim Kochen? Oft sind es auch die lieb gewordenen Essensrituale in der Familie, die dick machen. Der fette Sonntagsbraten, der Kuchen mit Sahne beim Familientreffen, der Klacks Sahne auf dem Kakao am Frühstückstisch. Versuchen Sie, auch Ihre Familie zu motivieren, gemeinsam die Dickmacher zu entlarven.

Quelle körperlicher und geistiger Kraft

Wer um die Wirkungen bestimmter Nahrungsmittel weiß, kann diese auch im Rahmen der Säure-Basen-Diät als Kraftquelle für sich nutzen. Gemüse, Getreide und Obst spielen bei der Säure-Basen-Diät die Hauptrolle. Sie enthalten nicht nur Vitamine und Mineralstoffe, sondern darüber hinaus heilsame Substanzen und Faserstoffe, die im menschlichen Körper zum Vorteil der Gesundheit wirksam werden. Sie senken beispielsweise die Blutfettwerte, regen die Verdauung an, regulieren das Verhältnis von Säuren und Basen und beugen Herzinfarkt oder Krebs vor.

Gemüse, Getreide und Obst sind die klaren Favoriten einer Säure-Basen-Diät.

Die Bausteine des Glücks

Das Geheimnis von geistiger Spannkraft und Glück liegt in bestimmten Botenstoffen im Gehirn, die Neurotransmitter genannt werden. Hormone wie Adrenalin und Noradrenalin steuern solche Neurotransmitter. Für die Regulierung der Gefühlschemie in unserem Organismus sind über 1000 unterschiedliche Stoffe verantwortlich. Sie werden von Glukose angefeuert, also von jenen Zuckermolekülen, die wir aus Kohlenhydraten beziehen. Vitamine aus der B-Gruppe, Vitamin C und Folsäure unterstützen die Zuckermoleküle, zur Steuerung werden Kalzium sowie die Spurenelemente Mangan, Selen und Zink benötigt. Eines wissen wir heute mit Sicherheit: Es sind vor allem Aminosäuren, also die allerkleinsten Eiweißbausteine, die unsere Spannkraft und unsere geistige Energie steuern.

Keine Angst, dass die Ernährung mit Obst und Gemüse Sie einschränken könnte: Ein Schlaraffenland aus Früchten erwartet Sie.

Muntermacher und Ruhebringer

Für den Grad an Leistungsfähigkeit sind vor allem zwei Aminosäuren verantwortlich, Tyrosin und Tryptophan. Von diesen beiden Stoffen ist es abhängig, wie viel von bestimmten Gehirnbotenstoffen gebildet wird und wie stark sie wirken.

▸ Tyrosin ist der Muntermacher. Es sorgt für schnelles und klares Denken, für wache Aufmerksamkeit und für ein gutes Langzeitgedächtnis. Besonders gut verwertbares Tyrosin steckt in Tofu, in Hülsenfrüchten wie Bohnen, Erbsen, Linsen und Kichererbsen sowie in Meeresfrüchten und Geflügel.

▸ Tryptophan ist der Ruhebringer. Es verhilft zu Ausgeglichenheit und gutem Schlaf. Tryptophan beziehen wir hauptsächlich aus Mahlzeiten, die überwiegend Kohlenhydrate liefern (z. B. Nudeln, Kartoffeln, Reis und Brot). Auch Milch, Bananen und Sonnenblumenkerne sind geeignete Tryptophanlieferanten.

Wer geistigen Auftrieb braucht, sollte den Muntermacher Tyrosin zum Auftakt einer Mahlzeit verzehren (eine Scheibe Putenbrust, ein paar Garnelen oder etwas Parmaschinken). Wenn nämlich der in diesen Lebensmitteln enthaltene Eiweißbaustein zuerst ins Gehirn gelangt, arbeitet der Geist einige Stunden auf hoher Leistungsstufe.

Das Sojaprodukt Tofu enthält nur vier Prozent Fett, dafür hochwertiges Eiweiß, wichtige Vitamine der B-Gruppe, Vitamin E sowie viel Kalzium. Darüber hinaus wirkt Tofu, wie alle anderen Sojaprodukte auch, entwässernd und hilft somit beim Abnehmen.

Brot macht erfinderisch

Falsch wäre es, nun anzunehmen, dass Brot, Kartoffeln, Reis, Nudeln und Gemüse die reinsten Schlaftabletten wären. Wenn wir den Körper mit einem Automobil vergleichen, stellt Tyrosin sozusagen die Zündkerzen dar. Den Treibstoff bezieht der menschliche Motor aber aus den mit Tryptophan angereicherten Kohlenhydraten.

Denn diese steigern die geistige Leistungsfähigkeit, weil sie den Zucker als grundlegende Energie für das Gehirn liefern. Das Gehirn, das nur etwa ein Fünfzigstel des Körpergewichts ausmacht, verbraucht immerhin ein Fünftel unserer gesamten täglichen Nahrungsenergie, und dies überwiegend in Form von Zucker. Damit das Gehirn konstant und gleichmäßig versorgt wird, sollte die Nahrung so viel komplexe Kohlenhydrate, also Mehrfachzucker, wie möglich enthalten (siehe Seite 39). Die wichigsten Lieferanten für Mehrfachzucker sind Reis, Gemüse, Kartoffeln, Obst und Nudeln.

Kalzium ist ein wichtiger Knochenstoff. Bei Kalziummangel wird es aus den Knochen abgezogen, da es auch für andere lebensnotwendige Aufgaben im Körper gebraucht wird.

Kalzium sorgt für Ruhe

Achten Sie auf ausreichende Kalziumzufuhr. Denn Kalzium ist nicht nur ein elementarer Basenstoff, sondern auch ein wichtiges Steuerungselement für Gehirn- und Nervenbotschaften. Es verhindert Reizstauungen und zählt deshalb zu den besten natürlichen Beruhigungsmitteln, die man sich denken kann – völlig ohne Nebenwirkungen. Wichtige Kalziumlieferanten sind Brokkoli, Mangold, Spinat, Fenchel, Linsen, Bohnen und Feigen.

Das Denkvitamin

Zitrusfrüchte, Spinat, Brokkoli und Zwiebeln, Erbsen und Kohlrabi, Weißkraut, Paprika, Tomaten und Kartoffeln haben eines gemeinsam: Sie machen gute Laune, weil sie große Mengen Vitamin C (Askorbinsäure) enthalten. Vitamin C braucht das Gehirn zur Bildung von Noradrenalin, dem Stoff, der uns wach, gut gelaunt und leistungswillig macht. Vitamin C ist also das Denkvitamin schlechthin. Seine Konzentration ist im Gehirn 10- bis 15-mal höher als im Blut. Vitamin C schützt die Gehirnzellen vor dem Angriff der freien Radikale und hält sie auf diese Weise jung und leistungsfähig.

Altersbremse fürs Gehirn

Auch Vitamin E bremst den Alterungsprozess des Gehirns. Gemeinsam mit dem Spurenelement Selen verhindert Vitamin E alterungsbedingte Veränderungen, die im Lauf der Zeit in Gehirnzellen auftreten. Vitamin E schützt auch die roten Blutkörperchen vor dem Altern und stellt damit den lebenswichtigen Sauerstofftransport ins Gehirn sicher. Deshalb ist ein vitaminreicher Salat, angemacht mit etwas Weizenkeim-, Distel- oder Sonnenblumenöl, eine wahre Verjüngungskur für das Gehirn.

Das Vitamin B12 gilt als Balsam für die Nerven. Es findet sich z. B. in Leber, Eiern und Käse. Sie können ihren Vitamin-B12-Bedarf aber auch über Algen decken. Algen sind nicht nur reich an Vitaminen, sie enthalten auch viele wichtige Mineralstoffe und Spurenelemente.

Folsäure macht gute Laune

Spinat, Weizenkeime, Sojaprodukte, Endiviensalat, Brokkoli, Kartoffeln, Spargel, Linsen, Vollkornbrot und Blumenkohl: Suchen Sie aus diesen Nahrungsmitteln die aus, die Sie am meisten mögen, und sorgen Sie dafür, dass sie regelmäßig auf den Tisch kommen. Neben Vitamin C ist auch Folsäure, ein Vitamin aus der B-Gruppe, für die gute Laune zuständig.

Folsäure kommt vor allem in grünen Blattgemüsen und Blattsalaten vor, außerdem in Getreide und Obst. Folsäure gilt als Wachstumsvitamin, das gleichzeitig die Nerven schützt und stärkt. Folsäuremangel führt zu Blutarmut (Anämie) und Nervenschäden.

Glänzendes Chrom

Chrom, ein Metall, das wir mit funkelnden Luxuslimousinen verbinden, spielt auch im menschlichen Organismus eine glänzende Rolle: Chrom verscheucht die Müdigkeit und lässt uns strahlen, denn es hilft, den Stoffwechsel zu normalisieren. Es schützt uns vor Diabetes mellitus und wirkt günstig auf die Kohlenhydratverwertung. Chromsalze sind in Getreidearten wie Weizen, Roggen, Hafer, Gerste und Reis enthalten, weitere Chromlieferanten sind Bierhefe, schwarzer Pfeffer, Pilze, Nüsse, Leber und mageres Fleisch. Obwohl der Bedarf mit 60 Millionstel Gramm pro Tag sehr gering ist, bringen es schlecht ernährte Menschen, die Fastfood und Fertiggerichte bevorzugen, meist nur auf ein Drittel der wünschenswerten Menge.

Die so genannte Primärbierhefe – als Kapseln im Reformhaus erhältlich – enthält alle essenziellen Aminosäuren sowie die raren Spurenelemente Chrom und Selen.

Viel Trinken hält fit

Die meisten Menschen trinken viel zu wenig. Das absolute Minimum der täglichen Flüssigkeitszufuhr liegt bei etwa 1,5 Liter, der wirkliche Bedarf, je nach Körpergewicht, bei 2,5 bis 3,5 Liter. Bei einer Untersuchung der Technischen Universität München gaben 43 Prozent aller befragten Frauen und 28 Prozent der Männer an, sogar weniger als das Minimum von 1,5 Liter pro Tag zu trinken. Und es waren nicht, wie immer angenommen wird, die älteren Menschen, die besonders schlecht versorgt waren – es war die Altersgruppe zwischen 18 und 50 Jahren.

Keinen Hunger? Dann nehmen Sie Obst und Gemüse doch in flüssiger Form zu sich!

Flüssigkeitsmangel und die Folgen

Wer zu wenig trinkt, riskiert eine schlechtere Durchblutung sowie einen verringerten Transport von Sauerstoff und Energielieferanten im Körper. Gleichzeitig gefährdet er die Entsorgung von Abfallprodukten des Stoffwechsels. Bei körperlicher Belastung kommt hinzu, dass der Abtransport von überschüssiger Wärme aus den Muskeln zur Haut nicht ausreichend gewährleistet ist. Die Körpertemperatur kann sich gefährlich erhöhen, die Stoffwechselleistung verschlechtert sich.

Weitere Symptome, die bei zu geringer Flüssigkeitszufuhr auftreten können: trockene Haut und Schleimhäute, niedriger Blutdruck, Appetitlosigkeit, Übelkeit, erhöhte Herzschlagfrequenz, Kopfschmerzen, Müdigkeit, Atemnot, Kribbeln in den Gliedern, mangelnder Speichelfluss, Sprechschwierigkeiten, Verwirrungszustände, Gehschwierigkeiten, Schwindel und Ohnmachten.

Viele Menschen vergessen einfach, ausreichend zu trinken. Stellen Sie also als Gedächtnisstütze jeden Morgen Ihr tägliches Trinkpensum, z. B. drei bis vier Flaschen Mineralwasser, an eine gut sichtbare Stelle, um sich an das Trinken zu erinnern.

Wasser schwemmt die Säure aus

Schließlich verstärkt eine zu geringe Trinkmenge die latente Übersäuerung des Körpers: Weil zu viel von dem Nebennierenrindenhormon Aldosteron gebildet wird, das den Natrium-, Kalium- und Wasserhaushalt steuert, verliert der Körper übermäßig viel Kalium. Über die Nieren wird aber gleichzeitig zu wenig Flüssigkeit ausgeschieden. Die Folge: Die anfallenden Säuren bleiben im Körper.

Trinken während der Säure-Basen-Diät

Alle Menschen, die ihr Gewicht durch eine Diät reduzieren und dies durch körperliche Bewegung unterstützen, müssen bedenken, dass sie einen Flüssigkeitsbedarf haben, der über das normale Maß noch weit hinausgeht.

- Während einer Diät entstehen durch den Abbau von Fettpolstern giftige Stoffwechselprodukte, die unbedingt aus dem Organismus geschwemmt werden müssen. Wer abnimmt, sollte nie weniger als drei Liter Flüssigkeit pro Tag trinken.
- Bei einer ballaststoffreichen Ernährung braucht vor allem der Verdauungsapparat viel Flüssigkeit.
- Körperliche Bewegung führt zum Schwitzen und dadurch zu größerem Flüssigkeitsverlust. Je nach Ausdauerbelastung kann die täglich benötigte Trinkmenge auf sechs oder sogar acht Liter ansteigen.

Wenn Ihnen bloßes Wasser geschmacklich zu langweilig ist, dann probieren Sie doch mal Kräutertees. Sie sind ebenso wie grüner Tee für den Dauergebrauch geeignet.

Am besten Wasser, Tees und Säfte

Wasser ist das Nonplusultra unserer Flüssigkeitsversorgung. Es wird vom Organismus mühelos aufgenommen und enthält alles, was der Körper braucht.

Wenn Sie es zwischendurch etwas geschmackvoller lieben, können Sie auch Tee trinken. Kräutertees und vor allem schwarzer oder grüner Tee enthalten nachweislich Vitalstoffe, die antioxidativ und Krebs hemmend wirken. Darüber hinaus enthält Tee Gerbstoffe (Tannine), die neuen Hoffnungsträger im Kampf gegen die Knochenschwächekrankheit Osteoporose. Tannine spielen eine, bisher noch nicht schlüssig geklärte, hemmende Rolle beim Kalziumabbau in den Knochen. Außerdem helfen Tannine, Stoffwechselgifte zu neutralisieren, und sie wirken schädigend auf Bakterien und Viren.

Auch dürfen Sie das Wasser mit einem Schuss Obst- oder Gemüsesaft versetzen. Auf Kaffee brauchen Sie nicht gänzlich zu verzichten, sollten aber maßvoll damit umgehen (nicht mehr als zwei Tassen täglich). Kaffee enthält Röststoffe, die säuernd wirken, und entfaltet eine Wasser treibende Wirkung, was wiederum durch mehr Flüssigkeit ausgeglichen werden muss.

Wasser – das Lebenselixier

»Der beste Wein für Kinder, der weiße ist's fürwahr, der aus der Felsenquelle rinnt so wunderbar...« Diese Verse aus einem alten Volkslied treffen nicht nur auf Kinder, sondern auf uns alle zu. Wasser ist unser Lebenselixier. Es transportiert Nähr- und Mineralstoffe, Spurenelemente sowie die meisten Vitamine. Außerdem ist Wasser Schmiermittel für Muskeln und Gelenke und Schrittmacher einer gesunden Durchblutung.

Warum nicht einfach Leitungswasser?

Am einfachsten und besten versorgen wir uns mit Wasser, indem wir zu Hause den Wasserhahn aufdrehen. Die gesetzlichen Vorschriften für die Reinheit des Trinkwassers garantieren in Deutschland ein einwandfreies Wasser. Sie sollten nur sichergehen, dass Ihr Wasser nicht durch Bleirohre geleitet wird, wie sie noch in der ersten Jahrhunderthälfte (und zum Teil sogar noch bis 1970) zur Trinkwasserversorgung als Installationsmaterial benutzt wurden. Selbst einwandfreies Trinkwasser kann aus den Rohren so viel Blei lösen, dass – wie Messungen der Universität Bremen zeigten – der gesetzliche Grenzwert für Blei von 40 Mikrogramm um das Zehnfache überschritten wird. Erkundigen Sie sich also nach der Beschaffenheit der Leitungsrohre, und genießen Sie dann das Wasser.

Oder doch lieber Mineralwasser?

Wer das prickelnde, erfrischende Gefühl von sprudelndem Mineralwasser schätzt, kann Leitungswasser auch selbst mit Kohlensäure versetzen. Die auf dem Markt befindlichen Geräte haben sich bewährt. Der Vorteil: Man kann die Kohlensäuremenge selbst bestimmen.

Stille Wasser bevorzugt

Mineralwässer mit viel Kohlensäure haben allerdings in einer säure-basen-orientierten Lebensweise nichts zu suchen. Der Körper hat mit der natürlichen Säurelast durch Kohlensäure, Phosphorsäure, Salzsäure und organische Säuren schon genug zu tun, als dass man ihm auch noch mit dem Trinkwasser Kohlensäure zuführen sollte. Wählen Sie also stille Mineralwässer, sofern Sie die Wahl haben.

Das Reinheitsgebot

Für Mineralwasser gibt es ähnlich wie für Bier ein Reinheitsgebot. Nach dem Gesetz müssen die Wasservorkommen so beschaffen sein, dass keine Verunreinigung aus der Umwelt sie verschmutzen kann. Als Zugabe ist nur Kohlensäure erlaubt. Allerdings enthalten Mineralwässer je nach Vorkommen unterschiedliche Mengen von Mineralstoffen und Spurenelementen, die sie bei ihrem Lauf durch die Gesteinsschichten aus dem Fels lösen.

Die Zusammensetzung ist wichtig

Wenn Sie abgefülltes Mineralwasser kaufen, sollten Sie auf die Zusammensetzung achten. Die meisten Mineralwässer weisen auf dem Etikett die wichtigsten enthaltenen Mineralstoffe aus. Entscheidend ist jeweils der möglichst hohe Anteil an Basenbildnern wie Natrium, Kalzium, Magnesium und Kalium und ein möglichst geringer Gehalt an Chlorid und Sulfat.
Achten Sie aber vor allem auch auf einen hohen Gehalt – d. h. mindestens 600 Milligramm pro Liter – an Hydrogenkarbonat (HCO3). Gerade wer sich fit trainiert, tut seinen Muskeln etwas Gutes damit. Der bei körperlicher Belastung hervorgerufenen Übersäuerung von Muskeln durch die Produktion von Milchsäure wirkt der Säurepuffer Hydrogenkarbonat entgegen. Das steigert die Leistungsfähigkeit und verringert die Gefahr von Muskelkater.
Mineralwässer mit einem besonders hohen Gehalt an Hyrogenkarbonat sind: Bad Wild Hellenen Quelle (3068 mg/l), Heppinger (2198 mg/l), Dunarisbrunnen (2165 mg/l), Kaiser Friedrich Quelle (2044 mg/l), Reginaris (1974 mg/l) und Staatlich Fachingen (1950 mg/l).

Destilliertes Wasser – ein gefährlicher Unfug

Die beiden Mineralstoffe Kalium und Natrium spielen die Hauptrolle bei der Regulierung des Flüssigkeitshaushalts. Deshalb hilft es wenig, nur Wasser, aber keine Mineralstoffe aufzunehmen.
Der denkbar schlimmste Unsinn ist es, gar destilliertes Wasser zu trinken, was immer wieder von Herstellern solcher Destilliergeräte wegen der »entgiftenden Wirkung« empfohlen wird. Wer destilliertes Wasser trinkt, das ja keine Mineralstoffe enthält, entgiftet sich keineswegs, sondern beraubt sich im Gegenteil wertvoller Mineralstoffe.

Ganz nach Ihrem Geschmack

Ihr Ernährungsprogramm für Fitness und Schlankheit können Sie sich selbst zusammenstellen. Im nächsten Kapitel finden Sie eine ganze Reihe von Rezepten für das Frühstück, für Hauptmahlzeiten oder auch für Brotzeiten. Ganz bewusst werden keine Tagesernährungspläne vorgeschrieben. Denn Sie sollen nicht veranlasst werden das zu essen, was dem Autor schmeckt, sondern das, was Sie selbst am liebsten mögen.

Essen Sie bewusst, machen Sie also nichts anderes nebenbei. Nehmen Sie sich zum Essen Zeit, und kauen Sie gut, so werden Sie schon nach viel geringeren Mengen an Nahrung satt.

Auf die Mischung kommt es an

Wie Sie bereits wissen, dürfen Sie ja eine ganze Menge essen, ohne ständig das Gefühl zu haben, auf Genüsse verzichten zu müssen. Die Zusammensetzung einer Mahlzeit ist entscheidend.

Die nachfolgenden Rezepte sind durchgängig so ausgearbeitet, dass sie eine erfolgreiche Säure-Basen-Diät garantieren. Die Anteile an Kohlenhydraten, Fett und Eiweiß sind entsprechend berechnet – und natürlich die Gesamtkalorienzahl.

Um Ihnen den Umgang mit einer Reihe von Fertiggerichten, Nahrungsmitteln bzw. Küchenzutaten zu erleichtern, wenn Sie einmal etwas anderes auf den Tisch bringen wollen, finden Sie auf den folgenden Seiten eine Tabelle, wie es sie bislang in kaum einem Kochbuch oder einer Nährwerttabelle gibt: Das jeweilige Nahrungsmittel ist – in üblichen Portionsgrößen – nach dem prozentualen Gehalt an Kohlenhydraten (KH), Fett (F) und Eiweiß (E) aufgeschlüsselt.

Greifen Sie im Frühsommer zu Erdbeeren. Sie wirken basisch, cholesterin- und blutdrucksenkend.

Kalorien- und Nährwertverteilung

Menge (Portion)	Nahrungsmittel	kcal	KH (in %)	F (in %)	E (in %)
1/4 (= 125 g)	Ananas, frisch	70	94	3	3
1 (= 125 g)	Apfel	70	92	6	2
0,2 l	Apfelsaftschorle	50	99	0	1
1 (= 50 g)	Aprikose	23	90	1	9
1 (= 200 g)	Aubergine	34	64	10	26
1 Stück (= 100 g)	Baguette	270	85	2	13
1 (= 125 g)	Banane	115	94	2	4
1 (= 125 g)	Birne	69	90	7	3
1 Portion (= 125 g)	Brombeeren	54	67	22	11
20 g	Butter	155	0	97	3
20 g	Butter, halbfett	77	0	95	5
50 g	Cashewnüsse	296	22	66	12
1	Cheeseburger	300	37	41	21
0,2 l	Cola light	6	100	0	0
5 (= 25 g)	Cornichons	4	80	0	20
1 (= 8 g)	Dattel, getrocknet	22	96	0	4
1 (= 15 g)	Dattel, frisch	16	97	0	3
20 g	Diätmargarine, halbfett	72	0	100	0
20 g	Diätmargarine	150	0	98	2
120 g	Erdbeeren	40	80	10	10
20 g	Erdnussbutter	125	8	77	15
50 g	Erdnüsse, ohne Schale	304	10	72	18
3 (= 10 g)	Erdnussflips	56	32	57	11
1 (= 30 g)	Feige, getrocknet	73	89	5	6
1 (= 50 g)	Feige, frisch	31	84	8	8
0,5 l	Gemüsebrühe	15	30	30	40
0,2 l	Gemüsesaft	34	70	6	24

Kalorien- und Nährwertverteilung

Menge (Portion)	Nahrungsmittel	kcal	KH (in %)	F (in %)	E (in %)
1/2 (= 100 g)	Grapefruit	40	91	3	6
1 Scheibe (= 45 g)	Graubrot (Roggen)	103	84	5	11
1 (= 125 g)	Guave	44	77	13	10
3 (= 10 g)	Gummibärchen	20	98	0	2
1/2 (= 300 g)	Hähnchen, gegrillt, mit Kartoffelsalat	920	13	51	36
2 EL (= 20 g)	Haferflocken	75	70	17	13
50 g	Haselnüsse, ohne Schale	336	7	83	10
80 g	Heidelbeeren	41	82	11	7
20 g	Honig	61	99	0	1
1 Stück (=150 g)	Honigmelone	81	85	0	15
0,2 l	Karottensaft	54	88	2	10
125 g	Kirschen, süß	79	90	4	6
1 (= 80 g)	Kiwi	42	85	7	8
1 (= 40 g)	Klementine	15	90	0	10
50 g	Kokosnuss	188	6	89	5
20 g	Konfitüre, kalorienarm	20	96	0	4
20 g	Konfitüre, normal	48	97	0	3
20 g	Leinsamen	79	0	75	25
1 (= 10 g)	Litschi	6	98	1	1
50 g	Mandeln, ohne Schale	312	6	80	14
1 Stück (= 100 g)	Mango	58	88	8	4
125 g	Mirabellen	80	95	3	2
2 (= 100 g)	Möhren, roh	30	890	14	6
0,2 l	Multivitaminnektar, kalorienarm	48	90	4	6

Kalorien- und Nährwertverteilung

Menge (Portion)	Nahrungsmittel	kcal	KH (in %)	F (in %)	E (in %)
125 g	Fruchtcocktail, Dose	72	96	1	3
8 (= 40 g)	Oliven, grün	57	5	89	6
8 (= 40 g)	Oliven, schwarz	58	5	91	4
1 (= 125 g)	Orange	54	90	5	5
0,2 l	Orangensaft	90	92	2	6
1 (= 100 g)	Paprika, gelb	32	79	10	11
1 (= 100 g)	Paprika, grün	20	64	12	24
1 (= 100 g)	Paprika, rot	32	79	10	11
1 (= 125 g)	Pfirsich	53	91	0	9
1 (= 10 g)	Pflaume, getrocknet	23	95	0	5
1 (= 25 g)	Pflaume, frisch	13	92	0	8
25 g	Pinienkerne	172	2	90	8
25 g	Pistazienkerne	155	12	76	12
1 Stück (= 200 g)	Pizza Salami	552	40	46	14
1 Scheibe (= 40 g)	Pumpernickel	82	82	4	14
30 g	Radicchiosalat	4	70	0	30
5 (= 50 g)	Radieschen	7	50	10	40
1 (= 100 g)	Rettich	13	58	12	30
1 Scheibe (= 50 g)	Roggenvollkornbrot	103	80	6	14
30 g	Rote Bete, gegart	12	90	1	9
30 g	Salat, grün	3	45	0	55
100 g	Salatgurke	12	72	8	20
125 g	Sauerkirschen	69	85	7	8
1 (= 150 g)	Schaschlik mit Brötchen	564	25	58	17
1 (= 30 g)	Gewürzgurke	6	80	0	20

Kalorien- und Nährwertverteilung

Menge (Portion)	Nahrungsmittel	kcal	KH (in %)	F (in %)	E (in %)
1 Scheibe (= 45 g)	Sechskornbrot	104	75	8	17
100 g	Sellerieknolle	18	50	20	30
1 EL (= 10 g)	Senf	11	25	50	25
1 Scheibe (= 16 g)	Sesam-knäckebrot	54	75	13	12
1 EL	Sojasauce	7	50	10	40
25 g	Sonnenblumen-kerne	152	10	75	15
1 Portion	Spaghetti pomodoro	540	53	30	17
1 Portion	Spaghetti Bolognese	565	51	34	15
3 Stück	Spiegeleier mit Bratkartoffeln	735	22	62	16
2 (= 100 g)	Tomaten	19	70	9	21
1 EL	Tomatenketchup	11	90	0	10
0,2 l	Tomatensaft	34	75	6	19
1 (= 45 g)	Vollkornbrötchen	103	75	7	18
1 (= 30 g)	Vollkorntoast	72	75	10	15
40 g	Walnusskerne	272	6	85	9
1 Stück (= 200 g)	Wassermelone	74	90	4	6
125 g	Weintrauben, rot	92	92	4	4
125 g	Weintrauben, weiß	88	92	4	4
1 Paar	Weißwürste mit Brötchen und Senf	510	25	60	15
1 (= 80 g)	Zitrone	33	79	14	7
1 (= 100 g)	Zucchini	18	44	20	36

Optimal zusammengestellt

Wenn Sie Ihr Ernährungsprogramm frei zusammenstellen, wählen Sie bitte bevorzugt solche Zutaten oder Snacks, die einen hohen Anteil an Kohlenhydraten enthalten, die arm an Fett sind und deren Eiweiß am besten pflanzlicher Natur ist.

Wenn Sie sichergehen wollen, dass das Verhältnis von Kohlenhydraten zu Fett und Eiweiß für Ihre Schlankheits- und Fitnessdiät ideal ist, dann essen Sie gemäß den nachfolgenden Rezepten. Sie sind alle so zusammengestellt, dass eine Kalorienzahl von 1500 Kilokalorien pro Tag nicht überschritten wird.

Bei einer gesunden und ausgewogenen Ernährung ist der Körper auch in der Lage, hin und wieder eine kleine Sünde auszugleichen.

Grundumsatz und Kalorienaufnahme

1500 Kilokalorien entprechen dem Grundumsatz, den beispielsweise Frauen zwischen 20 und 50 Jahren am Tag benötigen. Alle körperlichen Anstrengungen, die im Lauf des Tages Kalorien verbrauchen, bauen dann zusätzliche Fettkalorien ab. Männer nehmen bei dieser Kalorienzahl zwangsläufig ab, denn ihr Grundumsatz liegt bei 1600 bis 1800 Kilokalorien pro Tag.

Was man allerdings wissen muss: Im Durchschnitt nimmt der deutsche Mann derzeit bei normaler Ernährung am Tag 2800 Kilokalorien zu sich; Frauen kommen immerhin auch auf 2150 Kilokalorien. Wer die Differenz zwischen 1600 Kilokalorien (Grundumsatz) und 2800 Kilokalorien (tatsächliche Energieaufnahme) durch Sport ausgleichen wollte, hätte viel zu tun. Er müsste etwa drei Stunden schnell Rad fahren, mehr als zwei Stunden Joggen oder den ganzen Tag lang Gymnastik machen. Ernähren Sie sich also besser kalorienreduziert, und unterstützen Sie den Schlankheitsprozess durch körperliche Bewegung.

Ausrutscher dürfen sein

Weil wir aber bei allem Bemühen um eine bedarfsgerechte Ernährung und ausreichende körperliche Betätigung auch die Lebensfreude nicht außer Acht lassen wollen, sollten Sie es sich verzeihen, wenn Sie sich gelegentlich verbotenen Genüssen hingeben. Das macht das Durchhalten leichter.

Wenn Sie Mehl einkaufen, wählen Sie die Type 1700. Sie enthält die wertvollsten Bestandteile des Korns.

Tipps für den Einkauf

Von den folgenden wichtigen Grundnahrungsmitteln sollten Sie sich einen Vorrat anlegen:

- Kartoffeln halten sich ein paar Wochen. Sie sind, wie wir gesehen haben, von allen Grundnahrungsmitteln dasjenige mit der größten Nährstoffdichte bei vergleichsweise geringer Kalorienzahl. Sie enthalten wichtige Basenstoffe und Vitamine.
- Nudeln sollten Sie in verschiedenen Formen immer parat haben. Sie gehören zu den wichtigsten Brennstofflieferanten für körperliche und geistige Leistung. Kombiniert mit Tomaten oder anderen Gemüsen sind sie das ideale Fitnessnahrungsmittel.
- Auch Haferflocken sollten mehrmals wöchentlich in Ihrem Ernährungsplan vorkommen, entweder als Müsli oder als Porridge zubereitet (kurz mit Wasser aufkochen und ausquellen lassen). Haferflocken enthalten besonders wertvolle Ballaststoffe, die dazu beitragen, die Blutfettwerte zu normalisieren.
- Sojamehl sollte ebenfalls zu Ihren Vorräten gehören. Es ist eine äußerst wertvolle Alternative zum Weizenmehl. Der Sojabohne werden Krebs verhütende Eigenschaften zugeschrieben. Sie beruhen auf pflanzlichen Stoffen, die im Körper hormonähnlich wirken.

▶ Erbsen und Bohnen können Sie entweder als Tiefkühlware oder getrocknet kaufen. Für die richtige Zubereitung von getrockneten Hülsenfrüchten wie grünen Erbsen, Kichererbsen, roten oder weißen Bohnen und Linsen gilt: Die gewünschte Menge in kaltem Wasser über Nacht einweichen und am nächsten Tag rund 45 Minuten lang im Einweichwasser weich kochen.

▶ Mehl brauchen Sie für viele Rezepte. Bevorzugen Sie Mehl der Type 1700 (Vollkornmehl). Es ist zwar nicht so lange lagerfähig wie Weißmehl, weil es Bestandteile der Keimlinge des Getreides und damit ölige Substanzen enthält, die mit der Zeit ranzig werden können, doch dafür enthält es entschieden mehr Vitalstoffe.

Bei der Verwendung von Speiseöl gilt: Distel- oder Leinöl für den Salat, Olivenöl zum Kochen und Braten.

Fette und Öle

Vom Wert und der Wichtigkeit einfach bzw. mehrfach ungesättigter Fettsäuren war bereits ausführlich die Rede (siehe Seite 36).

Olivenöl enthält einfach ungesättigte Fettsäuren, die für den Aufbau wichtiger körpereigener Wirkstoffe unerlässlich sind.

Wenn Sie sich bevorraten, wählen Sie:

- Distelöl oder Leinöl für die Zubereitung von Salaten. Diese Öle enthalten mehrfach ungesättigte Fettsäuren. Zum Kochen und Braten sind sie nicht geeignet, weil sich die mehrfach ungesättigten Fettsäuren unter Hitzeeinfluss negativ verändern. Achtung: Leinöl eignet sich nicht zum Lagern. Weil es schnell ranzig wird, sollten Sie es immer nur in kleinen Mengen einkaufen.
- Olivenöl ist zum Braten und Backen besser geeignet, denn seine einfach ungesättigten Fettsäuren sind hitzestabil.
- Butter enthält zwar rund 50 Prozent gesättigte Fettsäuren, aber auch 26 Prozent einfach und mehrfach ungesättigte Fettsäuren sowie Vitamine (A, D, E) und Spurenelemente.
- Halbfettprodukte haben nur die Hälfte der Kalorien von üblichen Streichfetten, sind aber zum Kochen und Braten ungeeignet. Gute Margarinen werden heute ohne Cholesterin hergestellt und mit wichtigen Vitaminen angereichert.

Wenn Sie gerne Joghurt essen, empfielt es sich, Joghurtprodukte mit aktiven Milchsäurebakterien zu wählen. Sie helfen, den Darm gesund zu erhalten.

Milch und Milchprodukte

- Milch ist kein Getränk, sondern ein hochwertiges Lebensmittel. Wer auf die schlanke Linie achtet, greift besser auf fettreduzierte Milch (1,5 Prozent Fett) zurück. Auch diese sollte nicht in Mengen getrunken werden.
- Bei Käse sollten Sie auf fettreiche Sorten (60 und mehr Prozent i. Tr.) verzichten. Das Angebot an schmackhaften Alternativen ist reichhaltig.
- Ein wichtiger Kalziumlieferant ist fettarmer Joghurt. Besonders wertvoll für Ihre Verdauung sind naturbelassene Sorten, deren Milchsäurebakterien die Darmflora günstig beeinflussen. Auch Dickmilch und Kefir sind zu empfehlen.

Rezepte für alle Gelegenheiten

Auch eine Diät kann köstlich schmecken. Wichtig ist nur, dass man auf eine ausgewogene Ernährung achtet. Die hier angegebenen Rezeptzutaten sind – wenn nicht anders angegeben – für zwei Personen berechnet.

Frühstück, Snacks & Suppen

Ob für den guten Start in den Tag, den kleinen Hunger zwischendurch oder für etwas Warmes im Magen – hier finden Sie eine Vielzahl an Rezepten, die Sie nach Lust und Laune zusammenstellen können.

Bananen sind basische Lebensmittel, die zur Entsäuerung des Körpers beitragen. Die anderen Früchte können Sie je nach Geschmack variieren. Ihrer Phantasie sind keine Grenzen gesetzt.

Obstsalat mit exotischen Früchten

Zutaten

2 Kiwis • 1 Banane • 4 frische Feigen • 1/2 Honigmelone
1 Orange • 1/2 Zitrone • 1 EL geriebene Haselnüsse

1 Die Kiwis und die Banane schälen, in feine Scheiben schneiden und in eine Schale geben.
2 Die Feigen schälen, in kleine Stücke schneiden und zu den Kiwi- und den Bananenscheiben geben.
3 Die Melone vierteln, entkernen, das Fruchtfleisch in kleine Stücke schneiden und in die Schale geben.
4 Die Orange und die Zitrone auspressen. Den Saft zum Obst hinzufügen und 10 Minuten lang durchziehen lassen.
5 Die Haselnüsse über den Obstsalat streuen.

Ein Obstsalat mit Bananen, Äpfeln, Joghurt und Cornflakes hilft dem Körper beim Aufwachen.

Frühstücksei mit Vollkornbrot und Hüttenkäse

Tipp
Sie können statt des Apfels auch eine Birne oder Banane in das Müsli geben. Schneiden Sie weiches Obst in nicht zu kleine Stücke, weil das Müsli sonst eher ein Brei wird.

Zutaten

2 Eier • 2 Scheiben Vollkornbrot • 2 TL halbfetter Hüttenkäse Salz, nach Geschmack etwas frisch gemahlener schwarzer Pfeffer aus der Mühle

1 Die Eier je nach Geschmack (hart etwa 8 bis 10 Minuten, je nach Eigröße, oder weich etwa 3 bis 4 Minuten) in kochendem Wasser ziehen lassen.

2 Die Brotscheiben mit dem Hüttenkäse bestreichen und zusammen mit den weich gekochten Eiern essen. Oder die hart gekochten Eier in Scheiben schneiden und auf den Hüttenkäse legen.

3 Die Eier sehr sparsam mit Salz und/oder Pfeffer bestreuen.

Leinsamen-Buchweizen-Müsli

Zutaten

50 g geschroteter Buchweizen • 1 EL geschroteter Leinsamen • 4 EL Biojoghurt • 2 EL Honig • 1 Apfel

1 Den Buchweizen und den Leinsamen abends vor dem Zubettgehen in Wasser geben und darauf achten, dass alle Getreidekörner ganz bedeckt sind. In den Kühlschrank stellen und über Nacht quellen lassen.

2 Am Morgen den Joghurt unter Hinzugabe von etwas Wasser cremig rühren und mit dem Honig unter das aufgequollene Getreide mischen.

3 Den Apfel entkernen, in kleine Würfel schneiden und dazugeben.

Rettich mit Brot

Zutaten

300 g Rettich (oder Radieschen) • 2 Scheiben Vollkorn- oder Roggenbrot • 2 EL (20 g) Butter • Salz

1 Den Rettich (oder die Radieschen) schaben, waschen und in dünne Scheiben schneiden.

2 Die Brote mit Butter bestreichen. Den Rettich nur wenig salzen und zu den Broten essen.

Rettich ist der Heilkünstler unter allen basischen Gemüsesorten. Da er relativ schwer verdaulich ist, muss er immer gut gekaut werden.

Butterbrot mit Obst

Zutaten

1 Scheibe Vollkornbrot • 1 Vollkornbrötchen • etwas Butter 1/2 Apfel • 1 Klementine • 2 getrocknete Feigen

1 Brot und Brötchen mit der Butter bestreichen.

2 Frisches Obst und die Feigen dazu – fertig.

Pumpernickel mit Frischkäse

Zutaten

4 Scheiben Pumpernickel • 60 g Frischkäse, halbfett mit Kräutern • 1 Kiwi • 1 Orange

1 Die Pumpernickelscheiben mit dem Frischkäse bestreichen.

2 Die Kiwi und die Orange schälen. Die Kiwi in Scheiben schneiden, die Orange in Filetstücke zerteilen.

3 Die Kiwischeiben auf dem Frischkäse verteilen und dazu die Orangenfilets essen.

Tipp

Wem der Pumpernickelgeschmack nicht behagt, der kann auch Vollkornbrot verwenden.

Vollkornbrot mit Emmentaler Käse

Tipp
Wenn Sie Kalorien sparen wollen, können Sie fettreduzierten Emmentaler als Brotauflage wählen.

Zutaten

250 g Weintrauben • 2 Scheiben Vollkornbrot • 2 Scheiben Emmentaler Käse

1 Die Weintrauben gründlich unter fließendem Wasser waschen und abtropfen lassen.

2 Die Vollkornbrote mit dem Emmentaler belegen. Dazu die Weintrauben verzehren.

Bananen-Kiwi-Müsli

Zutaten

1 reife Banane • 1 Kiwi • 50 g Vollkornhaferflocken
1/2 l Milch

1 Banane schälen und in Scheiben schneiden.

2 Die Kiwi in 2 Hälften schneiden und mit einem Löffel aushöhlen.

3 Das Fruchtfleisch in kleine Stücke schneiden, mit den Haferflocken und der Milch in eine Schale geben und verrühren.

Ei auf Brot

Zutaten

2 Eier • 1/2 Bund Schnittlauch • 2 Scheiben Vollkornbrot
2 TL Halbfettmargarine

1 Die Eier in kochendem Wasser etwa 8 bis 10 Minuten ziehen lassen.

2 Den Schnittlauch waschen und in kleine Röllchen schneiden.

3 Die Eier in Scheiben schneiden.
4 Die Vollkornbrote dünn mit Margarine bestreichen, und die Eierscheiben auflegen. Darauf den Schnittlauch verteilen.

Heidelbeer-Joghurt-Müsli

Zutaten
2 Becher fettarmer Heidelbeerjoghurt • 250 g frische oder tiefgekühlte Heidelbeeren • 1 EL Leinsamen 2 EL Schmelzflocken

1 Den Joghurt mit den frischen oder aufgetauten Heidelbeeren mischen.
2 Leinsamen und Schmelzflocken zu dem Joghurt geben. Alle Zutaten gut miteinander vermischen und einige Minuten lang ziehen lassen. Dann gleich verzehren.

Tipp
Anstelle der Heidelbeeren können Sie auch Erdbeerjoghurt und frische oder tiefgekühlte Erdbeeren verwenden.

Banane und Heidelbeergelee

Zutaten
1 Banane • etwas Zitronensaft • 2 Scheiben Vollkorntoast 2 EL Heidelbeergelee • 2 Gläser frisch gepresster Orangensaft

1 Die Banane schälen und in Scheiben schneiden, mit Zitronensaft beträufeln und dann auf die Vollkorntoasts verteilen.
2 Mit je 1 Esslöffel Heidelbeergelee bestreichen.
3 Die Toasts in den auf 160 °C vorgeheizten Backofen schieben (mittlere Schiene) und etwa 5 Minuten überbacken.
4 Dazu den Orangensaft trinken.

Müsli mit Vollkornhafer

Tipp
Trinken Sie zum Frühstück 2 Tassen Kräutertee statt Kaffee. Das beugt der Übersäuerung vor!

Zutaten
6 EL Vollkornhaferflocken • 150 g Biojoghurt • 2 EL Birnensaft • 1 reife Birne

1 Die Vollkornhaferflocken mit dem Joghurt und dem Birnensaft in eine Schüssel geben und kurz aufquellen lassen.

2 Danach die Birne schälen, in kleine Stücke schneiden und zum Joghurt geben. Vorsichtig unterheben.

Butterbrot mit Schnittlauch

Zutaten
1/2 Bund frischer Schnittlauch • 2 Scheiben Vollkornbrot 20 g Butter

1 Schnittlauch waschen und in feine Röllchen schneiden.

2 Brot mit Butter bestreichen und mit Schnittlauch bestreuen.

Quark mit Erdbeeren

Zutaten
200 g frische Erdbeeren • 250 g Magerquark • 1/8 l fettarme Milch • 1/8 l süße Sahne • 2 EL Honig • Saft von 1/4 Zitrone

1 Die Erdbeeren waschen, gut abtropfen lassen und die Blätter entfernen.

2 Quark, Milch, Sahne und Honig mit dem Mixer auf höchster Stufe 3 Minuten verrühren.

3 Die Erdbeeren mit der Gabel etwas zerdrücken und mit dem restlichen Honig und dem Zitronensaft vermischen. Anschließend etwa 30 Minuten lang durchziehen lassen.
4 Dann den Quark vorsichtig unter die Erdbeermischung heben.

Neben Erdbeeren eignen sich auch Himbeeren, Johannisbeeren, entsteinte Kirschen oder Stachelbeeren für das Quarkgericht.

Rotes Brot

Zutaten
2 EL Halbfettmargarine • 2 Scheiben Roggenmischbrot • 1 rote Paprikaschote • 1 TL Petersilie

1 Margarine auf die Brotscheiben streichen.
2 Die Paprikaschote waschen, abtrocknen, das Kernhaus entfernen. Das Fruchtfleisch in etwa 2 Zentimeter breite Streifen schneiden.
3 Die Paprikastreifen auf die Brotscheiben legen und mit frisch gehackter Petersilie garnieren.

Frische Paprika passen zu vielen Gerichten, eignen sich aber auch einfach nur als Brotbelag. Die bunte Frucht ist kalorienarm und besonders Vitamin-C-reich.

Für viele der Suppen werden Sie Instantgemüsebrühe benötigen. Sie können Gemüsebrühe aber auch leicht selbst herstellen. Sie brauchen 1/2 Lauchstange, 2 Karotten, 2 große Kartoffeln und 1 rote Zwiebel. Zubereitung: Die Zutaten putzen. Karotten, Kartoffeln und Zwiebel grob würfeln, den Lauch in Ringe schneiden. Das Gemüse in 2 Liter Wasser aufsetzen und 45 Minuten kochen. Nehmen Sie das Gemüse heraus, und würzen Sie die Brühe.

Erbsensuppe

Zutaten

250 g junge frische Erbsen in Schoten • 1/2 Zwiebel frisches Basilikum • 1 EL Butter • 3/4 l Gemüsebrühe 3 EL süße Sahne • Salz

1 Die Erbsen auspalen und waschen.

2 Etwas Wasser zum Kochen bringen, die gewaschenen Schoten darin weich kochen und dann durch ein Sieb passieren.

3 Die Zwiebel abziehen und würfeln. Die Basilikumblätter waschen und grob hacken.

4 Die Butter in einem Topf zerlassen, die Zwiebel darin anbraten und die Basilikumblätter hinzugeben.

5 Das Ganze mit Gemüsebrühe ablöschen, aufkochen lassen und die Erbsen zugeben.

6 Die Sahne halbfest schlagen. Dann zur Suppe geben, mit etwas Salz abschmecken und sofort servieren. Nicht mehr kochen!

Kressesuppe

Zutaten

1/2 Sellerieknolle • 150 g Kartoffeln • etwas grüner Pfeffer 1 Schale Kresse

1 Sellerieknolle und Kartoffeln schälen und würfeln. Anschließend mit 3/4 Liter Wasser weich kochen und mit grünem Pfeffer würzen.

2 Die Kresse mit einer Schere abschneiden und erst in den letzten 2 Minuten in die Suppe geben.

3 Die Suppe mit dem Mixstab pürieren.

Kabeljau-Gemüse-Suppe

Zutaten

300 g frisches oder tiefgekühltes Kabeljaufilet • 1 Bund Suppengrün • 1 Zwiebel • 1 Knoblauchzehe • 400 g Kartoffeln 1 EL kaltgepresstes Olivenöl • 3/4 l Gemüsebrühe • 1 EL frischer oder getrockneter Dill • 1/2 Zitrone • frisch gemahlener Pfeffer aus der Pfeffermühle • 2 EL Sahne • 50 g Krabben etwas frische Petersilie

1 Die Fischfilets waschen und mit Küchenpapier trockentupfen.

2 Das Suppengrün waschen und gut abtropfen lassen. Die Zwiebel und die Knoblauchzehen abziehen und klein hacken. Die Kartoffeln schälen und in Würfel schneiden.

3 Das Öl in einem großen Topf erhitzen. Suppengrün, Zwiebeln, Knoblauchzehen und Kartoffeln unter mehrmaligem Wenden 5 Minuten lang dünsten. Die Gemüsebrühe und den Dill hinzufügen.

4 Das Gemüse zugedeckt 10 bis 15 Minuten lang auf mittlerer Stufe kochen lassen, bis die Kartoffeln bissfest sind.

5 Die Fischfilets in große Würfel schneiden und in die Gemüsesuppe geben. Frisch gepressten Zitronensaft dazugeben und das Ganze mit frischem Pfeffer abschmecken.

6 Die Suppe zugedeckt noch etwa 8 Minuten lang bei niedriger Temperatur gar ziehen lassen. Achten Sie darauf, dass sie nicht nochmals aufkocht, da sonst die Fischstücke auseinander fallen.

7 In der Zwischenzeit die Sahne steif schlagen und die Krabben abtropfen lassen.

8 Die Gemüsesuppe mit der Sahne und den Krabben anrichten und zum Schluss mit Petersilienblättern garnieren.

Tipp

Statt des Kabeljaus können Sie auch Rotbarsch oder preisgünstigeren Seelachs verwenden.

Zwiebelsuppe

Zutaten

1/2 Lauchstange • 2 Karotten • 2 große Kartoffeln • 1 rote Zwiebel • 2 große weiße Zwiebeln • 1 EL Butter

Tipp
Wenn Sie die Zwiebelsuppe noch etwas verfeinern wollen, dann geben Sie am Schluss einfach einige Blätter frischen Thymian dazu.

1 Für die Gemüsebrühe die Lauchstange gut waschen und abtropfen lassen. Den Lauch in Ringe schneiden.

2 Die Karotten schälen und in feine Scheiben schneiden.

3 Die Kartoffeln schälen und grob würfeln.

4 Die rote Zwiebel abziehen und grob würfeln.

5 Das Gemüse in einen Topf geben, der mit 2 Liter Wasser gefüllt ist, und dieses zum Kochen bringen. Das Gemüse etwa 45 Minuten lang gar ziehen lassen.

6 Die Gemüsestücke herausnehmen und den Sud als Brühe verwenden.

7 Für die Zwiebelsuppe die weißen Zwiebeln abziehen, halbieren und in feine Scheiben schneiden.

8 Die Butter in einem Topf erhitzen und die Zwiebel darin anbraten, bis sie glasig sind.

9 Zwiebeln mit 3/4 Liter Gemüsebrühe aufgießen und die Suppe 12 bis 15 Minuten lang kochen.

Kräutersuppe

Zutaten

50 g Kräuter der Saison (z. B. Petersilie, Kerbel, Estragon) Salz • 3/4 l Gemüsebrühe

1 Kräuter hacken, mit etwas Salz und der Gemüsebrühe aufkochen.

2 Die Suppe etwa 10 Minuten lang ziehen lassen, heiß servieren.

Borschtsch (russische Krautsuppe) mit Tofu

Zutaten

100 g Rote Bete (aus dem Glas oder aus der Dose; bei frischer Roter Bete müssen Sie die Knolle vorgaren)
1 Salz- oder Essiggurke • 80 g Sauerkraut • 100 g Tofu
Salz, weißer Pfeffer • Nelkenpfeffer • 1 EL Essig
1/4 frische Ananas

1 Rote Bete und Gurke in Streifen oder Stifte schneiden,

2 Das Sauerkraut mit der Schere etwas zerkleinern, alles in 1/3 bis 1/2 Liter Wasser aufkochen und 10 Minuten lang ziehen lassen.

3 Während der letzten 2 bis 3 Minuten den gewürfelten Tofu dazugeben und vorsichtig mit Salz, Pfeffer, Nelkenpfeffer und Essig abschmecken.

4 Als Nachtisch gibt es die frische Ananas.

Tipp
Zu diesem – hier etwas vereinfachten – russischen Nationalgericht passt sehr gut dunkles Vollkornbrot.

Kartoffel-Karotten-Suppe

Zutaten

100 g Karotten • 100 g Kartoffeln • 3/4 l Wasser • 1 Zwiebel
Salz, Pfeffer • Gewürzkräuter (z. B. Petersilie, Schnittlauch, Kerbel)

1 Karotten und geschälte Kartoffeln zerkleinern.

2 Mit Wasser aufgießen, Zwiebel hacken und dazugeben. Mit den Gewürzen abschmecken.

3 Das Ganze aufkochen und 20 bis 30 Minuten lang ziehen lassen.

4 Die Suppe pürieren, und mit den gehackten Kräutern garnieren.

Tomatensuppe mit Basilikum

Tomaten sind basisch und neutralisieren Säuren im Körper. Darüber hinaus enthalten sie den Stoff Lycopen, der krebsvorbeugend wirkt.

Zutaten

4 Tomaten • Olivenöl • 1/2 l Gemüsebrühe • 2 El Stärke oder Mehl • Salz • 1 TL getrockneter Oregano • etwas frisches Basilikum zum Garnieren

1 Die Tomaten achteln und die Stücke in Olivenöl anbraten.

2 Nach etwa 5 Minuten mit der Gemüsebrühe aufgießen und 15 Minuten lang bei schwacher Hitze kochen lassen.

3 Stärke oder Mehl in etwas kaltem Wasser anrühren und zur Suppe geben. Mit Salz und Oregano würzen und weitere 5 Minuten kochen lassen.

4 Mit Basilikumblättern garnieren.

Gemüsesuppe

Zutaten

200 g Gemüse (z. B. Karotten, Sellerie, Petersilienwurzeln Pastinaken, Zwiebeln) • 1 Knochblauchzehe • 1 Lorbeerblatt 1 Gewürznelke • etwas Muskatnuss • Meersalz • frische Kräuter (z. B. Petersilie, Schnittlauch, Kerbel)

1 Gemüse gut säubern, putzen, in kleine Würfel schneiden.

2 Knoblauchzehe abziehen, pressen und zum Gemüse geben.

3 Das Gemüse mit 1/2 Liter Wasser aufgießen und mit den Gewürzen abschmecken. Dann aufkochen und 20 bis 30 Minuten lang ziehen lassen.

4 Wenn Sie wollen, können Sie die Suppe nun durch ein Sieb streichen. Zum Schluss die Kräuter hacken und die Suppe damit bestreuen.

Eine Gemüsesuppe schmeckt auch sehr gut ohne Fleisch. Würzen Sie die Suppe mit Knoblauch und frischen Kräutern, so bekommt sie ein feines Aroma, und Sie tun Ihrer Gesundheit etwas Gutes.

Blumenkohlsuppe

Zutaten

1/2 kleiner Blumenkohl • Salz • 2 EL süße Sahne
Muskat • Pfeffer • etwas Schnittlauch

1 Den Blumenkohl von den grünen Blättern befreien, gründlich waschen und in kleine Röschen teilen. Etwa 1/2 Liter Wasser zum Kochen bringen, Salz hinzufügen und den Blumenkohl darin einige Minuten lang weich kochen. 3 bis 5 Röschen danach für die Garnitur beiseite legen.

2 Die restliche Suppe pürieren und die flüssige Sahne hineinrühren, mit Muskat und Pfeffer nach Belieben abschmecken.

3 Den Schnittlauch waschen und in kleine Röllchen schneiden. Die Suppe mit dem Schnittlauch und den übrigen Blumenkohlröschen garnieren.

Tipp

Statt der Sahne können Sie auch Crème fraîche verwenden. Das gibt der Suppe einen leicht säuerlichen Geschmack.

Knackige Salate

Frischer Salat gehört zu einer gesunden Ernährung einfach dazu. Er enthält viele Vitamine, Mineralstoffe und Spurenelemente, die bei gekochtem Gemüse oder Obst oft verloren gehen bzw. nur noch wenig vorhanden sind. Zudem enthält ein Salat auch viele Ballaststoffe, die die Verdauung auf Trab bringen. Wer regelmäßig Salat isst, kann sicher sein, dass der Körper mit allen wichtigen Biostoffen versorgt wird.

Salat Niçoise

Tipp
Gut möglich, dass mancher die Vollkornsemmeln als Beilage zu Salat Niçoise als regelrechten Stilbruch empfindet. Wer also meint, während seiner Entsäuerungskur einmal eine Ausnahme machen zu können, der greife auf ein Baguette zurück.

Zutaten

1 Ei • 8 grüne Salatblätter • je 1 rote und 1 grüne Paprikaschote • 3 Tomaten • 8 Radieschen • 8 schwarze Oliven 2 Sardellenfilets • 2 EL Balsamicoessig • 2 EL kaltgepresstes Olivenöl • Salz, frisch gemahlener weißer Pfeffer aus der Mühle • 2 Scheiben Vollkornbrot

1 Das Ei hart kochen, abschrecken und abkühlen lassen. Pellen und in Scheiben schneiden.

2 Einen Teller mit den gewaschenen grünen Salatblättern auslegen.

3 Paprikaschoten waschen, entkernen und in kurze Streifen schneiden.

4 Die Tomaten und die Radieschen waschen, in Scheiben schneiden und auf den Salatblättern anrichten. Die Oliven dazugeben.

5 Für die Salatsauce die Sardellenfilets mit Essig, Öl, Salz und frischem weißen Pfeffer zu einer Sauce verrühren und über den Salat geben.

6 Zum Schluss den Salat mit den Eierscheiben garnieren. Dazu das Vollkornbrot servieren.

Kidneybohnensalat mit Mais

Zutaten

150 g Kidneybohnen (Dose) • 100 g Maiskörner (Dose) 2 Tomaten • 1 kleine Zwiebel • 1 EL Sonnenblumenöl 1 EL Rotweinessig • Salz, frischer Pfeffer aus der Mühle 1/2 Bund Petersilie

1 Kidneybohnen und Maiskörner waschen und gut abtropfen lassen.
2 Die beiden Tomaten waschen und vierteln. Die Zwiebel abziehen und in Stücke schneiden.
3 Öl, Essig und Gewürze zu einer Sauce rühren. Das Gemüse in eine Salatschüssel geben, die Sauce darüber gießen und mindestens 15 Minuten lang ziehen lassen.
4 Die Petersilie waschen, grob hacken und vor dem Servieren über den Salat streuen.

Sauerkrautsalat mit Würstchen und Schwarzbrot

Zutaten

1 fettarmes Würstchen • 1 EL Olivenöl • 1/2 Zwiebel • 1 Prise Pfeffer • Kümmel • etwas flüssiger Süßstoff • 200 g rohes Sauerkraut • 1 Scheibe Schwarzbrot • 1 Apfel

1 Das Würstchen in feine Scheiben schneiden, mit dem Olivenöl, der gewürfelten Zwiebel und den anderen Würzstoffen unter das Sauerkraut mischen – fertig.
2 Den Apfel können Sie als Nachtisch essen oder auch klein schneiden und in den Salat mischen. Essig zum Anmachen brauchen Sie nicht, das Kraut ist sauer genug.

Sauerkraut regt die Verdauung an. Achten Sie aber darauf, dass Sie das Kraut ausreichend kauen.

Vitalsalat mit Thunfisch

Zutaten

1 Ei • 1 Vitalsalat (oder Eichblattsalat oder frischer Kopfsalat) • 1 rote Paprikaschote • 100 g frische Champignons 1/2 Salatgurke • 2 mittelgroße Karotten • 1 Bund Lauchzwiebeln • 2 mittelgroße Tomaten • 250 g Biojoghurt • 2 EL kaltgepresstes Olivenöl • 2 EL Balsamicoessig • Salz, frischer Pfeffer aus der Mühle • 125 g Thunfisch, in Wasser eingelegt (Dose)

Die äußeren Blätter des Salats sind zwar oft etwas trocken, enthalten aber auch die wertvollsten Nährstoffe. Verwenden Sie also nicht nur das saftige, frische Innere.

1 Das Ei hart kochen, abschrecken, abkühlen lassen und pellen.

2 Den Salat waschen und verlesen. Anschließend gut abtropfen lassen. Die Paprikaschote waschen, entkernen und in Stücke schneiden.

3 Die Champignons mit einer Bürste unter fließendem Wasser gut bürsten und in dünne Scheiben schneiden. Die Salatgurke schälen und mit einer groben Gemüseraspel in dünne Scheiben schneiden.

4 Die Karotten waschen und in feine Scheiben schneiden.

5 Die Lauchzwiebeln waschen, das Grün großzügig entfernen und in Röllchen schneiden. Die Tomaten waschen und – je nach Größe – vierteln oder achteln.

6 Für die Salatsauce den Biojoghurt gut mit dem Öl und dem Essig verrühren und mit Salz und frischem Pfeffer abschmecken.

7 Den Salat und das klein geschnittene Gemüse unter die Salatsauce heben.

8 Das Ei in Scheiben schneiden.

9 Den Thunfisch abtropfen lassen, in kleine Stücke zerpflücken und unter den Salat heben. Den Salat mit den Eierscheiben garnieren.

Löwenzahnsalat

Zutaten

*1 Hand voll junge Löwenzahnblätter • 2 Scheiben Schinkenspeck • 1 Zwiebel • 4 EL kaltgepresstes Olivenöl
2 EL Weißweinessig • 1 Messerspitze mittelscharfer Senf
Salz, frischer weißer Pfeffer aus der Mühle*

1 Den Löwenzahn waschen, verlesen und gut abtropfen lassen. Die Blätter zerkleinern und in eine Schüssel geben.

2 Den Schinkenspeck in Würfel schneiden und in einer Pfanne ohne Zugabe von Fett kurz anbraten. Die Würfel abkühlen lassen und auf den Löwenzahnblättern verteilen.

3 Die Zwiebel abziehen, fein würfeln und zum Salat geben.

4 Öl, Essig, Senf, Salz und Pfeffer zu einer Sauce verrühren und über den Salat geben.

Rettichsalat

Zutaten

*350 g weißer Rettich • 2 EL Distelöl • 3 EL Weißweinessig
1 Bund Petersilie • Salz, frisch gemahlener Pfeffer aus der Mühle*

1 Rettich schaben, waschen und in dünne Scheiben schneiden oder auf einer groben Gemüseraffel reiben.

2 Die Scheiben mit Öl und Essig beträufeln.

3 Die Petersilie waschen, fein hacken und zu den Rettichscheiben geben.

4 Den Salat mit Salz und frischem Pfeffer abschmecken und sofort servieren.

Tipp

Wenn es die Saison erlaubt, verwenden Sie am besten die ersten kleinwüchsigen Rettiche, die auch Eiszapfen genannt werden. Sie schmecken besonders zart.

Tomaten mit Mozzarella

Tipp
Bewahren Sie Tomaten nicht in der Nähe anderer Gemüsesorten auf. Sie sondern ein Gas ab, das dieses Gemüse bleicht und ihm den Geschmack nimmt.

Zutaten

4 große Fleischtomaten (oder 6 Eiertomaten) • 200 g Mozzarellakäse • 2 EL kaltgepresstes Olivenöl • 1 EL Weißwein- oder Balsamicoessig • Salz, frischer schwarzer Pfeffer aus der Mühle • frisches Basilikum

1 Die Tomaten waschen, abtupfen und in Scheiben schneiden.

2 Den Mozzarellakäse aus der Lake nehmen, gut abtropfen lassen und ebenfalls in Scheiben schneiden.

3 Auf einem Teller Tomaten- und Mozzarellascheiben dachziegelartig übereinander anrichten.

4 Öl, Essig, Salz und Pfeffer zu einer Salatsauce verrühren und über die Tomaten- und Mozzarellascheiben gießen.

5 Basilikumblätter waschen, grob hacken und über den Salat geben.

Weißer Bohnensalat

Zutaten

*250 g weiße Bohnen • 1 TL getrocknetes Bohnenkraut
1 kleine Zwiebel • 1 EL Distelöl • 1 EL Rotweinessig • Salz, frisch gemahlener Pfeffer aus der Mühle*

1 Die Bohnen über Nacht in Wasser einweichen, dann im Wasser zusammen mit dem Bohnenkraut weich kochen.

2 In der Zwischenzeit die Zwiebel abziehen, fein hacken und mit Öl, Essig und den Gewürzen vermischen. Etwas Bohnenwasser dazugeben.

3 Über die Bohnen gießen und etwa 30 Minuten lang ziehen lassen.

Gurkensalat

Zutaten

1 Salatgurke • Salz • 1 Becher Biojoghurt (150 g) • 1 EL Distelöl • 1 EL Weinessig • frischer Pfeffer aus der Pfeffermühle 1/2 Bund frischer Dill

1 Die Salatgurke schälen und auf der groben Gemüseraspel in Scheiben schneiden. Etwas salzen und in einer Schüssel einige Minuten lang Wasser ziehen lassen.

2 In der Zwischenzeit den Joghurt mit Öl, Essig, Pfeffer und Salz zu einer Sauce verrühren.

3 Den Dill waschen, klein schneiden und in die Sauce geben.

4 Das Gurkenwasser abschütten und die Sauce über die Gurkenscheiben geben.

Roter Nudelsalat

Zutaten

200 g Tagliatelle • 200 g verschiedene rote Gemüsesorten, z. B. rote Paprikaschoten, Tomaten, Karotten, Radieschen, Chilischoten (Vorsicht, scharf!), Radicchio (Vorsicht, bitter!), gegarte Rote Bete, rote Zwiebeln o. Ä. • 100 g beliebiger Hartkäse • 4 EL Essig • 2 EL Öl

1 Nudeln nach Vorschrift in reichlich Salzwasser al dente kochen und anschließend mit kaltem Wasser abschrecken.

2 Die Gemüsesorten waschen, putzen und klein schneiden. Zwiebeln gegebenenfalls abziehen.

3 Den Käse in Stifte oder Würfel schneiden, die Nudeln sowie das Gemüse dazugeben und mit Essig und Öl anrichten.

Tipp

Besonders schmackhaft ist eine Mischung aus 2 Esslöffeln Kräuteressig und 2 Esslöffeln Balsamicoessig.

Waldorfsalat

Zutaten

1 Zitrone • 3 mittelgroße Äpfel (oder Birnen) • 1 Stangensellerie • 100 g Knollensellerie • 60 g Walnüsse • etwas flüssiger Süßstoff • 2 Scheiben Vollkorntoast

1 Zitrone auspressen. Die Äpfel (bzw. Birnen) schälen und würfeln. Um zu verhindern, dass die Obststücke braun werden, sofort mit Zitronensaft beträufeln.

2 Den Stangensellerie in feine Scheiben schneiden und zu dem Obst geben.

3 Die Sellerieknolle raspeln, die Walnüsse fein hacken. Beides unter die Obstwürfel mischen.

4 Den Salat mit flüssigem Süßstoff abschmecken.

5 Die beiden Scheiben Vollkorntoast nach Geschmack toasten und zum Salat servieren.

Lahanosalata (bunter Paprika-Kraut-Salat mit Ei)

Tipp

Wenn Sie das Kraut kurz aufkochen, wird es geschmeidiger und somit auch leichter verdaulich.

Zutaten

je 1 gelbe, rote und grüne Paprikaschote • 1 Zwiebel
1 Prise Zucker • Salz, Pfeffer • Essig • Öl • 300 g Weißkraut
1 Ei • 2 Scheiben Roggenbrot

1 Paprika und Weißkraut waschen, putzen und in feine Streifen schneiden. Die Zwiebel hacken.

2 Gewürze, Essig und Öl zu einer Sauce verrühren, Kraut, Zwiebeln und Paprikastreifen untermischen.

3 Das Ei hart kochen, pellen, in Scheiben schneiden und damit den Salat garnieren. Dazu gibt es das Roggenbrot.

Garnierter Kartoffelsalat

Zutaten

200 g Pellkartoffeln • 2 Tomaten • 1 Salatgurke
1/2 gelbe Paprikaschote • 1 Prise Rosmarin oder Majoran
Salz, Pfeffer • 1/8 l Gemüsebrühe • 2 EL Essig
1 EL Leinöl • einige Salatblätter • 1/2 hart gekochtes Ei
1/4 frische Ananas

1 Die Kartoffeln pellen und in dünne Scheiben schneiden.

2 Tomaten und Gurke in dicke Scheiben, den Paprika in Streifen schneiden.

3 Kartoffelscheiben mit Rosmarin, Salz und Pfeffer würzen, mit heißer Gemüsebrühe übergießen, Essig und Öl dazugeben, gut mischen und 10 Minuten ziehen lassen. In einer Salatschüssel auf den gewaschenen Salatblättern anrichten.

4 Mit Tomaten, Gurken, Paprikastreifen und dem in Scheiben geschnittenen Ei garnieren.

5 Zum Nachtisch gibt es die Ananas.

Tipp

Geben Sie, wenn Sie es etwas herzhafter mögen, 1/2 Stange in feine Ringe geschnittenen Lauch zu den Kartoffeln.

Karoffeln sind besonders gute Basenlieferanten und sollten fester Bestandteil einer Säure-Basen-Diät sein.

Warme Küche und Hauptgerichte

Ob allein, zu Zweit oder für Gäste – alle Rezepte sind wahre Gaumenfreuden, und die manchmal etwas ungewohnten Zutaten bereichern den Speiseplan.

Gegrillter Mais

Zutaten

2 frische Maiskolben • 2 EL Butter • Salz • Knoblauchsalz

1 Die Maiskolben putzen und mit der weichen Butter bestreichen. Salz und Knoblauchsalz darauf streuen.

2 Den Mais in Alufolie einwickeln und im Backofen (bei 220 °C) etwa 30 Minuten lang garen lassen.

Schwarzwurzeln mit Hühnerbrust

Der Gesamtnährwert der Schwarzwurzel wird bei Gemüse nur noch von Erbsen und Bohnen übertroffen. Zudem enthält Schwarzwurzel einen hohen Anteil an Inulin.

Zutaten pro Person

150 g Schwarzwurzeln • Salz • 100 g Kartoffeln
1/4 l helle Sauce • 60 g Hühnerbrust • Saft von 1/2 Zitrone
weißer Pfeffer • Muskat • 1 Birne

1 Schwarzwurzeln in wenig Salzwasser ca. 25 Minuten garen.

2 Die Kartoffeln schälen und kochen.

3 Die Sauce erhitzen, und die klein geschnittene Hühnerbrust darin 4 Minuten gar ziehen lassen. Dann Kartoffeln und Schwarzwurzeln dazugeben und erwärmen. Mit Zitronensaft, Pfeffer und Muskat würzen.

4 Die Birne gibt es zum Nachtisch.

Chinesisches Pfannengemüse

Zutaten

1 Stange Lauch • 1 Karotte • 50 g frischer Blattspinat
1 Zwiebel • 2 Knoblauchzehen • 150 g frische Champignons
200 g Rinderfilet (oder Hüftsteak) • Salz • 100 g Glasnudeln
2 EL Sesam • 2 EL Sesam- oder Distelöl • flüssiger Süßstoff
frischer Pfeffer aus der Pfeffermühle • 2 EL Sojasauce
1 Bund Schnittlauch

1 Den Lauch und die Karotte waschen und in Streifen schneiden, Spinat waschen und verlesen.

2 Die Zwiebel und die Knoblauchzehen abziehen. Die Zwiebel in Ringe schneiden, die Knoblauchzehen fein hacken.

3 Die Champignons waschen und in Scheiben schneiden.

4 Das Rinderfilet (oder Hüftsteak) in dünne Scheiben schneiden.

5 Wasser mit Salz aufsetzen. Wenn es kocht, die Glasnudeln zufügen und etwa 4 Minuten gar ziehen lassen.

6 Den Sesam ohne Fett in einer Pfanne anrösten und wieder herausnehmen. Anschließend in derselben Pfanne 1 Esslöffel Öl erhitzen und unter Wenden die Rindfleischstreifen kräftig anbraten. Dann das Fleisch wieder aus der Pfanne nehmen.

7 Das Gemüse in die Pfanne geben und mit dem restlichen Öl anbraten. Mit etwas Süßstoff, Salz, Pfeffer und Sojasauce würzen. 1 Esslöffel Wasser zufügen und das Ganze etwa 5 Minuten lang kochen lassen. Dann die gegarten Glasnudeln und das Fleisch hinzugeben und gut verrühren.

8 Den Schnittlauch waschen, in Röllchen schneiden und zusammen mit dem Sesam über das Gemüse geben.

Tipp

Wenn Sie bei diesem Gericht auf das Fleisch verzichten wollen, dann verwenden Sie stattdessen etwas Tofu.

Sojasauce wird aus vergorenen Sojabohnen hergestellt. Aufgrund ihres hohen Eiweißgehalts ist sie vor allem in der fleischlosen Küche von Bedeutung.

Geschmorter Knollensellerie

Zutaten

500 g Fleischtomaten • 250 g Knollensellerie • 1 Zwiebel 1 Knoblauchzehe • 2 EL kaltgepresstes Olivenöl • 2 EL Balsamicoessig • 3 Salbeiblätter • 1 TL Rosmarin • Salz, frischer Pfeffer aus der Mühle • flüssiger Süßstoff

Tipp
Wenn sich der Sellerie leicht mit einer Gabel oder Nadel einstechen lässt, ist er gar.

1 Tomaten waschen, heiß überbrühen, mit kaltem Wasser abschrecken und die Haut abziehen.

2 Den Sellerie schälen und in Scheiben schneiden. Die Zwiebel und die Knoblauchzehe abziehen und würfeln.

3 Das Öl in einer Pfanne erhitzen und die Selleriescheiben 4 Minuten lang darin anbraten. Die Zwiebel- und Knoblauchwürfel dazugeben.

4 Den gehackten Salbei, die Tomaten, die Gewürze und den Essig dazugeben. Mit Salz, Pfeffer und Süßstoff abschmecken und etwa 45 Minuten lang garen lassen.

Spargeltoast mit Sellerie-Apfel-Salat

Zutaten

200 g Sellerie • Saft von 1 Zitrone • 1 Apfel • Salz, Pfeffer Süßstoff • 10 Stangen Spargel • 4 Scheiben Vollkorntoast 1 EL gehackter Schnittlauch • 4 Scheiben Edamer

1 Sellerie waschen, putzen und schälen. In etwas Wasser und 2 Teelöffeln Zitronensaft ca. 15 Minuten lang kochen.

2 Sellerie und Apfel in Stifte schneiden und mit dem restlichen Zitronensaft, Salz, weißem Pfeffer und Süßstoff anmachen.

3 Spargel schälen, garen, und auf die Toasts legen. Schnittlauch darüber streuen, je 1 Scheibe Edamer darauf legen und überbacken.
4 Dazu gibt es den Sellerie-Apfel-Salat.

Kartoffel-Zwiebel-Pfanne mit Hackfleisch

Zutaten
250 g fest kochende Kartoffeln • 250 g Zwiebeln • 1 Knoblauchzehe • 2 Tomaten • 1 EL kaltgepresstes Olivenöl
250 g Rinderhackfleisch • scharfes Paprikapulver • Salz, frisch gemahlener Pfeffer aus der Mühle • 1 EL Thymian
1/4 l Gemüsebrühe

1 Die Kartoffeln mit der Schale 30 Minuten lang gar kochen. Anschließend abkühlen lassen, schälen und in nicht zu dünne Scheiben schneiden.
2 Die Zwiebeln und die Knoblauchzehe abziehen. Die Zwiebeln in Ringe schneiden, die Knoblauchzehe mit dem Messer fein hacken oder mit Hilfe einer Knoblauchpresse zerdrücken.
3 Die Tomaten waschen und heiß überbrühen. Anschließend in kaltem Wasser abschrecken und die Haut abziehen. Das Tomatenfleisch in kleine Stücke schneiden.
4 Das Öl in einer Pfanne erhitzen und das Hackfleisch darin anbraten.
5 Die Zwiebelringe, den Knoblauch und die Gewürze sowie den Thymian zufügen. Nun die Gemüsebrühe zugießen und alles bei mittlerer Hitze 10 Minuten lang kochen lassen.
6 Die Kartoffelscheiben und die Tomatenstücke in die Pfanne geben und weitere 5 Minuten garen.

Tipp
Wenn Sie auf überflüssige Kalorien bei den Mahlzeiten verzichten möchten, können Sie statt des Rinderhackfleischs auch Hackfleisch aus Hähnchen- oder Putenbrustfilet verwenden. Geben Sie das Geflügelfleisch einfach selbst in den Fleischwolf (sofern vorhanden), oder lassen Sie es sich von einem Metzger zubereiten.

Spinat mit Mais

Wenn Sie frischen Spinat zur Hand haben, waschen Sie ihn sorgfältig, und geben Sie ihn zu den angedünsteten Schalotten. Fügen Sie Mais und Gewürze gleich hinzu.

Zutaten

100 g Schalotten oder Zwiebeln • 100 g tiefgekühlter Spinat 100 g Gemüsemais • 1 TL Ingwer • 1 TL Currypulver • 1 Prise Cayennepfeffer • etwas Zucker • Salz • 2 Vollkornbrötchen 200 g Guave oder 10 Litschis

1 Schalotten bzw. Zwiebeln abziehen, würfeln.

2 Schalotten und den Spinat mit 1/2 Tasse Wasser in einen Topf geben und 5 Minuten lang kochen. Dann den Mais und die Gewürze hinzufügen.

3 Nochmals 5 Minuten lang ziehen lassen und zusammen mit dem Vollkornbrötchen essen.

4 Guave oder Litschis als Nachtisch unterstreichen die exotische Note dieses Gerichts.

Gewürze wie Ingwer und Curry sind in der indischen Küche beheimatet. Sie verleihen dem Spinat sein typisch fremdländisches Aroma.

Bohneneintopf mit Paprika

Zutaten

1 mittelgroße Zwiebel • 1 Knoblauchzehe • 300 g grüne Bohnen • 2 rote Paprikaschoten • 250 g Hähnchenbrustfilet
2 Fleischtomaten • 2 Tomaten • 1 EL kaltgepresstes Olivenöl
1 EL Basilikum • 1 EL Thymian • 1 EL scharfes Paprikapulver
Salz, Cayennepfeffer • Tabasco • 1/8 l Gemüsebrühe

1 Die Zwiebel und die Knoblauchzehe abziehen und beides in kleine Würfel schneiden.

2 Die Bohnen waschen und verlesen. Die Paprika waschen, entkernen und in Stücke schneiden.

3 Das Hähnchenbrustfilet in Stücke schneiden.

4 Alle Tomaten waschen. Kurz mit kochendem Wasser überbrühen, mit kaltem Wasser abschrecken und die Haut abziehen. Anschließend das Tomatenfleisch in kleine Stücke schneiden.

5 In einem Topf das Öl erhitzen. Die Zwiebel- und die Knoblauchwürfel darin anbraten.

6 Das Hähnchenfleisch hinzufügen, nur kurz anbraten und anschließend das Fleisch wieder herausnehmen.

7 Die Paprika- und Tomatenstücke mit dem Basilikum und dem Thymian in den Topf geben und kurz andünsten.

8 Mit scharfem Paprikapulver, ein wenig Salz und Cayennepfeffer abschmecken. Je nach Geschmack 1 bis 3 Tropfen Tabasco zufügen und nochmals alles gut durchrühren.

9 Die Bohnen dazugeben. Das Ganze mit der Gemüsebrühe ablöschen und etwa 10 Minuten lang bei mittlerer Hitze kochen lassen.

10 Zum Schluss das Hähnchenfleisch unterrühren und weitere 5 Minuten lang garen.

Vorsicht! Grüne Bohnen dürfen nicht roh gegessen werden. Die in ihnen enthaltenen Lektine sind giftig und lassen sich erst durch Erhitzen unschädlich machen. Frische grüne Bohnen sollte man deshalb immer 12 bis 15 Minuten lang kochen.

Geflügel-Reis-Pfanne

Der braune Naturreis (Cargo) ist die einzige Sorte, die sich zu Recht Naturreis nennen darf. Dieser Reis ist nur entspelzt, wobei das hauchdünne Silberhäutchen erhalten bleibt. In ihm sind alle Vitamine und Mineralstoffe enthalten, die uns der Reis zu bieten hat.

Zutaten

250 g Hähnchenbrustfilet • 1 rote Paprikaschote 1 Zucchini • 1 Zwiebel • 1 Knoblauchzehe • 2 EL Öl • 75 g Naturreis • 1/4 l Gemüsebrühe • Cayennepfeffer

1 Die Hähnchenbrustfilets in feine Streifen schneiden.

2 Die Paprikaschote entkernen und in kleine Stücke schneiden. Die Zucchini würfeln. Zwiebel und Knoblauch abziehen und fein hacken.

3 Das Öl in einer Pfanne erhitzen. Das Fleisch darin anbraten und aus der Pfanne nehmen. Dann den Reis in die Pfanne geben und unter Wenden 1 Minute andünsten.

4 Das Gemüse, die Gemüsebrühe und das Fleisch zufügen. Einmal aufkochen lassen und dann alles zugedeckt auf kleiner Stufe etwa 30 Minuten lang garen.

5 Zum Schluss mit etwas Cayennepfeffer abschmecken.

Spinatpfannkuchen

Zutaten

250 g frischer Blattspinat • 350 g Vollkornmehl • 1/4 l Milch 4 mittelgroße Eier • Salz • 2 EL Sonnenblumenöl

1 Den Spinat verlesen, gründlich waschen und kurz andünsten.

2 Das Vollkornmehl zusammen mit der Milch in eine Schüssel geben und mit dem Handmixer glatt rühren.

3 Die Eier trennen. Das Eiweiß zu Eischnee schlagen, die Eigelbe verquirlen und mit etwas Salz und dem Spinat zu Mehl und Milch geben. Den Eischnee unterziehen. Öl in einer Pfanne erhitzen und 4 dünne goldgelbe Pfannkuchen ausbacken.

Überbackener Spargelauflauf

Zutaten

750 g weißer oder grüner Spargel • 200 ml Wasser
1 TL Butter • 1 Prise Zucker • 1 Prise Salz • Fett für die Form
2 EL Crème fraîche • 2 Eigelbe • 4 EL geriebener Emmentaler Käse • 2 EL Mandelblättchen

1 Den Spargel waschen und schälen. Bei grünem Spargel reicht es aus, wenn man nur das untere Drittel schält.

2 Das Wasser zusammen mit der Butter, dem Zucker und dem Salz zum Kochen bringen. Den Spargel hineingeben und zugedeckt etwa 10 Minuten gar ziehen lassen.

3 Eine feuerfeste Auflaufform leicht einfetten. Den Spargel aus dem Kochwasser nehmen, abtropfen lassen und in die Auflaufform geben.

4 Das Spargelwasser weiterkochen lassen, bis die Flüssigkeit eingedickt ist.

5 In der Zwischenzeit die Crème fraîche mit den beiden Eigelben cremig rühren. Anschließend die Eigelbmasse vorsichtig in das eingedickte Spargelwasser rühren.

6 Die Sauce über den Spargel gießen. Das Ganze mit dem geriebenen Emmentaler und den Mandelblättchen bestreuen.

7 Die Auflaufform auf die mittlere Schiene des vorgeheizten Backofens schieben und bei 225 °C etwa 10 bis 12 Minuten überbacken, bis der Käse eine goldbraune Kruste gebildet hat.

Tipp

Ob Sie weißen oder grünen Spargel verwenden, ist in erster Linie eine Geschmacksfrage. Viele lieben immer noch den feinen weißen, andere haben auch den etwas kräftigeren Grünspargel schätzen gelernt.

Spaghetti mit Tomatensauce

Tipp
Variieren Sie die Tomatensauce, indem Sie gehackte grüne Oliven oder Kapern oder einige zerdrückte Sardellenfilets hinzugeben.

Zutaten

2 Tomaten • 2 Zwiebeln • 1 TL kaltgepresstes Olivenöl
1/2 Dose Tomatenmark • Oregano • Salz, frischer Pfeffer
100 g Vollkornspaghetti • 1 EL Parmesan

1 Tomaten waschen, kurz mit heißem Wasser überbrühen, abziehen und vierteln. Die Zwiebel abziehen und in Ringe schneiden.

2 Öl in einer Pfanne erhitzen und die Zwiebelringe darin anbraten. Die Tomaten dazugeben, etwas Wasser zugießen und 15 Minuten lang dünsten.

3 Das Tomatenmark darunter ziehen und mit Oregano, wenig Salz und Pfeffer abschmecken und mindestens noch 5 Minuten lang ziehen lassen.

4 Salzwasser in einem Topf zum Kochen bringen. Die Spaghetti hineingeben und kochen, bis sie al dente sind (etwa 8 bis 10 Minuten lang).

5 Die Sauce über die Nudeln gießen, zum Schluss den geriebenen Parmesan darüber streuen.

Ein Klassiker unter den Nudelgerichten – und noch dazu gesund: Spaghetti mit Tomatensauce. Mit frischem Basilikum runden Sie dieses Gericht ab.

Nudelauflauf mit Blattspinat

Zutaten

200 g Bandnudeln • 150 g frischer Blattspinat • Salz, frischer Pfeffer • Muskat • 1 Päckchen helle Sauce (Instant) 1/8 l Milch

1 Die Nudeln in Salzwasser etwa 10 Minuten lang al dente kochen.

2 Inzwischen den Spinat waschen, gut abtropfen lassen und blanchieren.

3 Die Nudeln abwechselnd mit dem Spinat in eine Auflaufform schichten. Mit Salz, Pfeffer und Muskat kräftig würzen.

4 Die Instantsauce mit der Milch und 1/8 Liter Wasser anrühren und über den Auflauf gießen.

5 Im vorgeheizten Backofen etwa 30 Minuten bei 175 °C backen.

Gemüselasagne

Zutaten pro Person

250 g Saisongemüse • 1 EL Olivenöl • 4–5 grüne Lasagneblätter • 1 Päckchen helle oder Béchamelsauce • 50 g geriebener Käse • 50 g Mozzarella

1 Gemüse putzen, waschen, in kleine Stückchen schneiden und in Salzwasser etwa 15 Minuten lang al dente kochen.

2 In eine geölte Auflaufform abwechselnd Lasagneblätter und Gemüsestückchen füllen, darüber etwas von der Béchamelsauce und dem geriebenen Käse geben. Ganz oben sollte Gemüse sein, garniert mit Mozzarella und dem restlichen Reibekäse.

3 Im Ofen ca. 35 Minuten lang bei 200 °C backen.

Tipp

Gemüse wie Blumenkohl, Brokkoli, Karotten, Spargel, Porree, Gemüsemais, Paprikaschoten und Champignons eignen sich besonders gut für Gemüselasagne.

Milchreis mit frischen Himbeeren

Tipp
Bewahren Sie Reis an einem trockenen Ort in einem Behälter mit Schraubverschluss auf. So lässt er sich monatelang lagern.

Zutaten

1 Prise Salz • 125 g Vollkornreis (Rundkorn) • 1/2 l Milch
1/2 Päckchen Vanillezucker • 2 EL Butter (etwa 20 g)
150 g frische Himbeeren

1 Wasser mit Salz zum Kochen bringen. Den Reis waschen, in das kochende Wasser geben, nach etwa 4 Minuten in ein Sieb schütten und unter kaltem Wasser nochmals abspülen.

2 Die Milch in einem größeren Topf erhitzen. Den Vanillezucker einrühren und den Reis hinzu geben.

3 Das Ganze etwa 30 Minuten lang auf mittlerer Stufe gar ziehen lassen. Zum Schluss die Butter unter den Reis mischen.

4 Die Himbeeren waschen, gut abtropfen lassen und über den Milchreis geben.

Tomatenvollkorntoast

Zutaten

1 Fleischtomate • 1 Zwiebel • 2 Scheiben magerer gekochter Schinken • 2 Scheiben Vollkorntoast • frischer Pfeffer aus der Mühle • Knoblauchsalz • 20 g geriebener Emmentaler Käse

1 Die Fleischtomate waschen und in 4 Scheiben schneiden.

2 Die Zwiebel abziehen und in hauchdünne Ringe schneiden.

3 Je 1 Schinkenscheibe, 2 Tomatenscheiben und 2 bis 3 Zwiebelringe auf einen Vollkorntoast legen. Mit frischem Pfeffer und Knoblauchsalz würzen. Anschließend den geriebenen Käse darauf streuen.

4 Im vorgeheizten Backofen bei 175 °C ca. 15 Minuten überbacken.

Omelett mit Spinat und Pfifferlingen

Zutaten

200 g Pfifferlinge • 200 g frischer Blattspinat • 1 Zwiebel
1 Knoblauchzehe • 3 EL Butter (etwa 30 g) • Salz, frisch gemahlener Pfeffer aus der Mühle • 2 EL Crème fraîche
2 mittelgroße Eier

1 Die Pfifferlinge mit einer Bürste unter fließendem Wasser gut säubern und die harten Stiele entfernen.

2 Den Spinat verlesen, waschen und gut abtropfen lassen.

3 Die Zwiebel und die Knoblauchzehe abziehen und fein würfeln.

4 1 Esslöffel Butter in einem Topf erhitzen und die Pfifferlinge darin anbraten, die Zwiebel- und Knoblauchwürfel zufügen und ebenfalls kurz anbraten. Den Blattspinat dazugeben.

5 Das Gemüse im geschlossenen Topf bei geringer Hitze kochen lassen, bis der Spinat zusammengefallen ist. Mit etwas Salz und frisch gemahlenem Pfeffer kräftig abschmecken. Zum Schluss die Crème fraîche hineinrühren.

6 Die Eier mit ein wenig Salz und 1 Esslöffel Wasser verquirlen. Die restliche Butter in einer Pfanne erhitzen, die Eimasse dazugeben und bei mittlerer Hitze goldgelb backen.

7 Die Gemüsefüllung auf dem Omelett verteilen, dann das Omelett zusammenklappen und sofort servieren.

Tipp

Es sei darauf hingewiesen, dass Pilzgerichte nicht aufgewärmt werden sollten. Durch mehrfaches Erhitzen verändert sich das Pilzeiweiß, so dass es unverdaulich werden kann.

Reis mit Champignons

Zutaten pro Person

1/2 Zwiebel • etwas Öl • 50 g Reis • doppelt so viel Wasser oder Gemüsebrühe (Rezept siehe Seite 89) wie Reis • Salz 100 g Champignons • 1/2 Salatgurke • Essig • Öl • 80 g Beeren (tiefgekühlt oder frisch)

1 Die Zwiebel in feine Würfel schneiden und in Öl anrösten. Reis dazugeben, rösten, bis er glasig ist. Mit Flüssigkeit auffüllen, nach Bedarf salzen, 25 Minuten ziehen lassen.

2 Dann die blättrig geschnittenen Pilze dazugeben. Vorsichtig umrühren und weitere 10 Minuten lang garen lassen.

3 Die Gurke hobeln (ungeschält hat sie wertvolle Bestandteile) und mit Essig und Öl anmachen.

4 Die Beeren (falls sie zu sauer sind, mit flüssigem Süßstoff würzen) bilden den Nachtisch.

Kartoffelgulasch mit Zitrone

Tipp

Sie können auch gleich mehr Pellkartoffeln zubereiten. Den Rest stellen Sie zugedeckt (so lassen sie sich später besser schälen) kühl.

Zutaten pro Person

200 g Kartoffeln • 60 g Zwiebeln • 1 EL Olivenöl 1/8 l Gemüsebrühe • 2–3 Späne Zitronenschale • 1 TL Paprikapulver (edelsüß) • Saft von 1/2 Zitrone • 1/4 Ananas

1 Kartoffeln kochen, pellen, in Würfel schneiden. Die Zwiebeln würfeln und kurz im Öl anbräunen, etwas Gemüsebrühe dazugeben, klein geschnittene Zitronenschale, Paprika, Zitronensaft und die Kartoffelwürfel darunter mischen.

2 10 Minuten bei sanfter Hitze ziehen lassen.

3 Das Ananasviertel als Nachtisch essen.

Rosenkohl-Schinken-Risotto

Zutaten

70 g Naturreis • etwas Salz • 4 Scheiben dünn geschnittener Schinkenspeck • 300 g Rosenkohl • 2 EL kaltgepresstes Olivenöl • frisch gemahlener Pfeffer aus der Mühle

1 Den Reis in Salzwasser aufkochen und ca. 30 Minuten gar ziehen lassen.
2 Den Schinkenspeck in Streifen schneiden und den Rosenkohl putzen.
3 Das Öl in einer Pfanne erhitzen. Den Schinkenspeck und den Rosenkohl darin anbraten. Dann das Ganze mit 1/8 Liter Wasser aufgießen, mit Pfeffer und Salz würzen.
4 Alles etwa 15 Minuten auf mittlerer Hitze kochen lassen.
5 Den Rosenkohl und die gebratenen Schinkenspeckstreifen auf dem Reis anrichten.

Im Gegensatz zu geschältem Reis sind im Naturreis alle acht essenziellen Aminosäuren, sehr viele B-Vitamine, ein großer Anteil an Ballaststoffen und viele Mineralstoffe enthalten.

Kichererbsenrisotto

Zutaten pro Person

35 g Naturreis • 100 g Kichererbsen (Dose) • 1/4 l Gemüsebrühe • 1 TL Oregano • 2 Tomaten • Salz, Pfeffer • Essig Olivenöl • 1 Becher Naturjoghurt

1 Reis im Wasser kochen und ausquellen lassen.
2 Den Reis mit den Erbsen in einer Kasserolle vermischen, Gemüsebrühe und die Hälfte des Oregano dazugeben und im Ofen 30 Minuten lang zugedeckt bei mittlerer Hitze backen.
3 Tomaten in Scheiben schneiden, mit Salz, Pfeffer, restlichem Oregano, Essig und Öl als Salat anmachen. Als Nachtisch den Joghurt essen.

Ofenkartoffeln mit Salat

Zutaten

400 g Kartoffeln • Kümmel • 80 g Gorgonzola (Magerstufe)
120 g Chinakohl • Essig • Olivenöl • Salz, Pfeffer

1 Kartoffeln waschen, bürsten, mit etwas Kümmel bestreuen, in Alufolie einwickeln und im vorgeheizten Backofen auf dem Rost bei 200 °C 40 bis 50 Minuten lang garen.
2 Danach die Folie öffnen und die Kartoffeln aufschneiden.
3 Gorgonzola streifenweise in den Schnitt legen und im noch warmen Backofen 5 Minuten zerfließen lassen.
4 Chinakohl in Streifen schneiden, mit Essig, Öl, Salz und Pfeffer anmachen und zu den Kartoffeln servieren.

Weißkraut-Kartoffel-Eintopf

Tipp
Wenn Sie beim Weißkraut Bedenken wegen eventueller Blähungen haben, dann geben Sie großzügig Kümmel dazu. Das schmeckt nicht nur gut, es beugt auch Blähungen vor.

Zutaten pro Person

120 g Weißkraut • 170 g Kartoffeln • 80 g Zwiebeln
Olivenöl • 1/2 l Gemüsebrühe • 50 g Tomatenmark
1 EL Currypulver • 1 Prise Nelkenpfeffer • Kümmel
weißer Pfeffer

1 Das Weißkraut fein schneiden oder hobeln.
2 Die Kartoffeln schälen und würfeln, die Zwiebeln abziehen und in feine Ringe schneiden.
3 Alles im heißen Öl unter ständigem Rühren andünsten, dann die Gemüsebrühe zugießen.
4 Tomatenmark, Currypulver und andere Gewürze zugeben.
5 Den Eintopf mindestens 1 Stunde lang leise kochen lassen.

Gemüse-Kartoffel-Auflauf

Zutaten pro Person

100 g Brokkoli • 100 g Karotten • 100 g Pellkartoffeln
40 ml Milch • 1 Ei • Salz, Pfeffer • 1/2 Grapefruit

1 Brokkoli in Röschen teilen, Karotten in Streifen schneiden und alles in einer Pfanne andünsten.

2 Pellkartoffeln schälen, in Scheiben schneiden.

3 Die Milch mit etwas Kartoffelkochwasser mischen, das Ei darin verrühren. Mit Salz und Pfeffer abschmecken.

4 Abwechselnd Kartoffeln und Gemüse in eine Auflaufform geben, Eiermilch darüber gießen.

5 20 Minuten (falls das Ei noch nicht fest ist, 5 bis 10 Minuten länger) im Backofen bei 160 °C überbacken.

6 Die Grapefruit zum Nachtisch reichen.

Kartoffeln sind basische Lebensmittel und deshalb wichtiger Bestandteil einer Säure-Basen-Diät. Zudem enthält die Kartoffel viel Vitamin C, Magnesium und Kalium.

Sie können den Gemüse-Kartoffel-Auflauf auch mit anderem Gemüse zubereiten. Der Brokkoli verträgt sich wunderbar mit Lauch, aber auch mit Pilzen oder Stangensellerie.

Blattspinat-Nudel-Auflauf mit Gurkensalat

Tipp
Da Spinat beim Tiefkühlen nur wenige seiner wertvollen Stoffe verliert, können Sie auch auf Tiefkühlware zurückgreifen. Frischer Spinat sollte so schnell wie möglich verbraucht werden, denn schon innerhalb eines Tages geht bei einer Temperatur von 20 °C die Hälfte des Vitamin-C-Gehalts verloren.

Zutaten pro Person

100 g Nudeln nach Belieben • 70 g Spinat • Salz, Pfeffer Muskat • 1 Päckchen helle Sauce • 1/8 l Milch 70 g Salatgurke • einige Stängel Borretsch, Petersilie oder Schnittlauch • Essig • Öl • 1 Banane

1 Nudeln bissfest kochen und abkühlen lassen.
2 Spinat blanchieren, abwechselnd mit den Nudeln in eine Kasserolle füllen und die Gewürze hinzufügen.
3 Dann die Sauce mit Milch und 1/8 Liter Wasser anrühren, über Nudeln und Spinat gießen und das Ganze im vorgeheizten Ofen 30 Minuten lang bei 175 °C backen.
4 Für den Salat die Gurke hobeln und die Kräuter hacken. Den Salat mit Essig, Öl und Kräutern abschmecken und etwas ziehen lassen.
5 Die Banane gibt es als Nachtisch.

Tomaten-Kräuter-Spaghetti mit Gurkensalat

Zutaten pro Person

2 Tomaten • 2 Zwiebeln • Öl • 1/2 Döschen Tomatenmark Oregano • Salz, Pfeffer • 100 g Salatgurke • 100 g Rettich Öl • Essig • frische Kräuter • 100 g Spaghetti • 1 EL Reibekäse (z.B. Parmesan) • 1 Birne

1 Für die Sauce die Tomaten vierteln, Zwiebeln abziehen und in Ringe schneiden, in etwas Öl andünsten und mit 1/4 Liter Wasser 15 Minuten lang bei mittlerer Hitze weiterdünsten.

2 Tomatenmark darunter ziehen, mit den Gewürzen abschmecken und noch 5 Minuten ziehen lassen.

3 Salatgurke und Rettich schälen und raspeln. Dann mit Essig, Öl und etwas Pfeffer anmachen. Die Kräuter hacken und dazugeben.

4 Spaghetti al dente kochen, abgießen und sofort servieren. Die Sauce und den Reibekäse über die heißen Spaghetti geben.

5 Als Nachtisch gibt es die Birne.

Tipp Wenn Sie die mediterrane Herkunft dieses Gerichts so richtig zur Geltung bringen wollen, sollten Sie für den Salat echten Balsamicoessig verwenden.

Gemüsebrühe, Tagliatelle mit Erbsen

Zutaten pro Person

1/4 l Gemüsebrühe • 100 g Tagliatelle • 125 g Erbsen (tiefgekühlt) • einige Streifen Speck oder roher Schinken (20–30 g) 1/2 Zwiebel • Olivenol • 1/8 l Milch • Salz • 1 TL Basilikum (oder 4–5 frische Basilikumblätter) • 1 Orange

1 Die Gemüsebrühe als Vorspeise reichen.

2 Die Nudeln in Salzwasser al dente kochen. Inzwischen Erbsen mit Speck und der gehackten Zwiebel in Öl anbraten.

3 Milch, Salz und Basilikum dazugeben, aufkochen, 10 bis 15 Minuten ziehen lassen. Die Sauce soll nicht zu flüssig sein, sonst etwas einkochen.

4 Nudeln abgießen, in eine Schüssel füllen und Sauce darüber geben.

5 Die Orange essen Sie hinterher.

Tipp

Geben Sie statt des Basilikums 3 frische gehackte Salbeiblätter hinzu, und bestreuen Sie die Tagliatelle mit geriebenem Parmesan.

Linsen mit Kräutertofu

Tipp
Tofu ist mechanischen Einflüssen gegenüber sehr empfindlich. Wenn Sie mit Tofuwürfeln kochen, sollten Sie nicht mehr allzu heftig umrühren, da sie sonst leicht zerfallen können.

Zutaten
250 g rote Linsen • 1 Zwiebel • Salz • 1 Lorbeerblatt
160 g Kräutertofu

1 Die Linsen über Nacht einweichen.
2 Die Zwiebel abziehen und klein schneiden.
3 Im Einweichwasser Linsen und Zwiebeln mit etwas Salz und dem Lorbeerblatt in etwa 1 1/2 Stunden gar kochen.
4 Den Kräutertofu in kleine Würfel schneiden und vorsichtig unter die fertig gekochten Linsen mischen.

Beanburger mit Salatschüssel

Zutaten pro Person
2 EL Weizenschrot • 100 g weiße Bohnen (Dose) • Saft von 1 Zitrone • 1 Knoblauchzehe • 1 TL Kreuzkümmel (Kumin)
Salz, Cayennepfeffer, schwarzer Pfeffer • Semmelbrösel
2 kleine Vollkornbrötchen • Salat nach Wahl zur Garnitur
200 g Frischsalate der Saison • Öl • frische Kräuter

Tipp
Die Bohnen-Knoblauch-Frikadellen schmecken auch kalt: Also eine ideale Zwischenmahlzeit.

1 Weizenschrot in einer Schüssel mit kaltem Wasser bedecken, 1 Stunde quellen lassen. Restliches Wasser abgießen.
2 Die Bohnen mit etwas Zitronensaft, Knoblauch und den Gewürzen zerdrücken (noch besser in der Küchenmaschine zu einem glatten Püree verarbeiten).
3 Weizenschrot und so viele Semmelbrösel dazumischen, bis ein formbarer Teig entsteht. (Vorsicht bei Semmelbröseln, sie brauchen etwas Zeit zum quellen. Der Teig wird leicht zu trocken!)

4 Aus diesem Teig flache Frikadellen formen, in der Pfanne beidseitig braun braten.
5 Die Frikadellen wie einen Hamburger in die Brötchen klemmen, mit Salat nach Wahl (eventuell auch scharfen Pfefferschoten für besonders pikante Burger) garnieren.
6 Damit das Ganze nicht zu trocken wird, als Beilage Salate mit restlichem Zitronensaft, Öl und Kräutern anmachen.

Rotbarsch mit Champignonsauce

Zutaten pro Person
100 g Rotbarschfilet • Saft von 1 Zitrone • Salz, Pfeffer
Petersilie • 150 g Kartoffeln • etwas Öl (Leinöl)
80 g Champignons • 1 EL Mehl • 1 Feige

1 Rotbarschfilet mit etwas Zitronensaft beträufeln, leicht salzen und pfeffern.
2 Die Petersilie hacken und mit einem Teil davon das Rotbarschfilet bestreuen.
3 Den Fisch locker in etwas Alufolie packen, aber den Falz gut zudrücken.
4 15 Minuten im auf 180 °C vorgeheizten Backofen backen.
5 Die Kartoffeln kochen, pellen, halbieren und in einer heißen Pfanne mit wenig Öl kurz schwenken. Die restliche Petersilie zu den Kartoffeln geben.
6 Champignons mit Wasser aufkochen, restlichen Zitronensaft, Salz und Pfeffer dazugeben.
7 Mehl mit 1 Esslöffel Wasser anrühren, zu den Champignons geben und bei schwacher Hitze einige Minuten durchkochen lassen. Zum Rotbarsch reichen.
8 Zum Nachtisch die Feige in Viertel schneiden.

Tipp
Fisch lagert man am besten zwischen Eisstücken. Auch das 0 °C-Fach im Kühlschrank eignet sich zur Aufbewahrung. Am besten sollte Fisch allerdings immer am Tag des Kaufs verzehrt werden.

Fenchel-Kräuter-Nudeln

Zutaten pro Person

2 mittelgroße Fenchelknollen • 2 EL Parmesankäse 1 Päckchen helle Sauce • 1 Bund Saisonkräuter (z. B. Dill, Estragon, Schnittlauch) • 100 g breite Nudeln • 1/2 frische Mango

1 Fenchel putzen, halbieren und in Salzwasser 15 Minuten lang garen. Dann abtropfen lassen.
2 Auf einer Platte mit Käse bestreuen und kurz im Ofen bei mittlerer Hitze überbacken.
3 Das Kochwasser auf 1/4 Liter auffüllen, das Saucenpäckchen hineinrühren und aufkochen.
4 Die Kräuter hacken und unterziehen.
5 Die Bandnudeln 8 Minuten lang kochen, abgießen und alles sofort servieren.
6 Die Mango gibt es als Nachspeise.

Letscho ist ein ungarisches Nationalgericht: gedünstetes Gemüse aus Paprikaschoten, Tomaten, Zwiebeln und süßem Paprika. Es lässt sich wunderbar mit anderen Beilagen, wie z. B. Bohnen oder Kartoffeln kombinieren.

Bohnen mit Letscho und Würstchen

Zutaten pro Person

120 g Paprikaschoten • 2 Tomaten • 50 g Zwiebeln • Paprikapulver • getrockneter Rosmarin • Salz • Öl • 120 g grüne Bohnen • 100 g Kartoffeln • 1 Debrecziner Würstchen

1 Paprika und Tomaten putzen, Zwiebeln abziehen. Alles klein schneiden und mit Paprikapulver, Rosmarin und Salz in Öl dünsten.
2 Kurz bevor das Gemüse gar ist, kommen die vorgegarten Bohnen und Kartoffeln sowie das in Scheibchen geschnittene Würstchen dazu.

Bei uns findet man fast das ganze Jahr über frische Bohnen in den Gemüseregalen. Die große Auswahl reicht von den bleistiftdünnen Keniabohnen bis hin zu den dicken Exemplaren mit mehligen Kernen.

Fassolia (Bohnen mit Tomaten)

Zutaten

200 g weiße Bohnenkerne, am Vortag eingeweicht
150 g Tomaten • 1 Knoblauchzehe • 100 g Zwiebeln
etwas Olivenöl • Zucker • etwas Minze • 1 Scheibe
Roggen- oder Dinkelbrot • 100 g Trauben

1 Die Bohnenkerne im eigenen Einweichwasser gar kochen ungefähr 1 1/2 Stunden).

2 Die geachtelten Tomaten mit Knoblauch, gehackter Zwiebel, Öl, 1 Prise Zucker und der Minze kurz anbraten, danach noch 10 Minuten kochen lassen.

3 Die weichen Bohnen dazugeben, kräftig aufkochen – fertig. Dazu gibt es das Vollkornbrot.

4 Zum Nachtisch werden die Weintrauben gereicht.

Tipp

Wenn Sie die Tomaten vor dem Anbraten kurz überbrühen und die Haut abziehen, schmecken sie noch besser.

Grüne Beefbohnen

Tipp
Verwenden Sie bei diesem Gericht entweder frische oder tiefgekühlte Bohnen, sie haben einen knackigeren Biss als Dosenware und weitaus mehr Vitamine.

Zutaten pro Person

200 g grüne Bohnen • 60 g Cornedbeef • 100 g gegarte Pell- oder Salzkartoffeln oder fettarm zubereitete Bratkartoffeln • 1 Pfirsich (oder 1 kleine Schüssel Kirschen oder 2 Pflaumen)

1 Die Bohnen entfädeln und waschen (entfällt bei Tiefkühlware).

2 Anschließend in 2 Esslöffeln Wasser etwa 10 bis 15 Minuten lang gar dünsten.

3 Dann das zerkleinerte Cornedbeef darunter mischen. Die Kartoffeln zu der Bohnen-Cornedbeef-Mischung servieren.

4 Als Nachspeise gibt es das Obst.

Gemüse-Pichelsteiner mit Speck

Zutaten pro Person

je 50 g Weißkraut, Karotten, Sellerie, Zwiebeln • 40 g magerer Speck • Salz, weißer Pfeffer • 1 TL gehackte Petersilie etwas Muskat • 1 Lorbeerblatt • 1/4 l Gemüsebrühe 50 g Kartoffeln • 1 fettarmer Joghurt mit Früchten

1 Weißkraut, Karotten, Sellerie und Zwiebeln in gröbere Stückchen von etwa 1 bis 2 Zentimeter (nicht in Scheiben!) schneiden.

2 Das Ganze mit dem in kleine Würfelchen geschnittenen Speck, etwas Salz, Pfeffer, Petersilie, Muskat und Lorbeerblatt würzen.

3 Dann das Ganze noch mit der Gemüsebrühe übergießen und im Topf auf dem Herd oder im Backofen ca. 50 Minuten lang sanft kochen lassen.

4 Zum Schluss die sorgfältig geschälten und in dünne Scheiben geschnittenen Kartoffeln obendrauf geben und das Ganze nochmals 30 Minuten auf dem Herd oder im Backofen garen.

5 Der Früchtejoghurt ist der perfekte Nachtisch bei diesem idealen Basenessen.

Boston baked Beans (gebackene Bohnen)

Zutaten pro Person

100 g getrocknete Bohnen • 50 g magerer Speck • 1 Zwiebel
1 EL Rübensirup (oder Ahornsirup) • etwas flüssiger Süßstoff
1 TL Senfpulver • 2 Tomaten • 1 grüne Paprikaschote
Essig • wenig Öl • 2 Scheiben Vollkorntoast

1 Bohnen über Nacht in Wasser einweichen.

2 In dem Einweichwasser aufsetzen und mit dem klein gewürfelten Speck weich kochen (Dauer ca. 1 1/2 Stunden, je nach Alter der Bohnen auch etwas länger).

3 Dann in eine Auflaufform füllen, die in dünne Scheiben geschnittene Zwiebel, den in heißem Wasser gelösten Sirup, Flüssigsüßstoff (nach Geschmack) und Senfpulver (oder 1 Esslöffel Senf) darüber geben, bis die Bohnen bedeckt sind.

4 Das Gericht soll nach dem ursprünglichen Rezept, ähnlich wie das französische Cassoulet, 5 bis 8 Stunden zugedeckt im 200 °C heißen Ofen backen (in eiligen Fällen reichen jedoch auch 2 Stunden).

5 Für die letzten 15 Minuten den Deckel zum Überbräunen abnehmen. Servieren Sie dazu Tomaten-Paprika-Salat und Toast.

Tipp

Sie können jedes Bohnengericht ganz einfach geschmacklich verfeinern, indem Sie etwas Bohnenkraut hinzufügen.

Brokkoli, chinesisch, mit Pilzen und Reis

Wie fast alle Kohlarten enthält auch Brokkoli einen hohen Anteil an Folsäure. Sie spielt eine wichtige Rolle im Zellstoffwechsel und wird vor allem für die Zellteilung und für die Gesunderhaltung der Blutgefäße benötigt.

Zutaten pro Person

6 getrocknete chinesische Mu-Err-Pilze • 35 g Naturreis etwas Gemüsebrühe • 200 g Brokkoli • 1/2 Zwiebel 2 EL Olivenöl • 2 EL milde Sojasauce • 3 TL Stärkemehl 70 g Naturreis • 1 Banane

1 Pilze in einer Schüssel mit lauwarmem Wasser ca. 1/2 Stunde lang einweichen.

2 Den Reis mit der gut doppelten Menge Wasser und etwas Gemüsebrühe aufkochen, 30 Minuten ausquellen lassen.

3 Brokkoli putzen und mundgerecht schneiden, Zwiebel abziehen und würfeln. Pilze abgießen, Stiele entfernen, in Viertel oder Achtel schneiden.

4 Öl in der Pfanne erhitzen, Zwiebel anbraten, Brokkoli und Pilze dazugeben, noch 3 Minuten unter Rühren braten.

5 Stärkemehl mit Gemüsebrühe anrühren, zugeben und 1 Minute kochen. Mit Sojasauce würzen.

6 Zum Nachtisch gibt es die Banane.

Exotische Grießnocken

Zutaten pro Person

100 g gelber Maisgrieß • Salz • ca. 1/4 l Wasser • 1 EL Diätmargarine • 1 Sternfrucht (Karambole) • 3 Litschis • 1 Kiwi 1 Mandarine • flüssiger Süßstoff

1 Den Grieß mit 1 Prise Salz in kochendes Wasser rühren, zu einem dicken Brei kochen (ca. 10 Minuten lang) und von der Herdplatte nehmen. Margarine in einem Pfännchen schmelzen.

2 Von der abgekühlten Grießmasse mit einem in die geschmolzene Margarine getauchten Esslöffel abstechen und die Nocken auf einer Platte dekorieren.

3 Die Früchte klein schneiden, mit etwas Flüssigsüßstoff zu einem Fruchtsalat mischen und zu den Nocken reichen.

Auberginen mit Kichererbsen

Zutaten pro Person

120 g Kichererbsen (Dose) • 150 g Auberginen • 1 Zwiebel 1 EL Olivenöl • Salz, Pfeffer • Kreuzkümmel (wird in den Asienläden auch unter dem Namen »Kumin« angeboten) 3 Tomaten • 1 Scheibe Roggenbrot • 1 frische Feige (oder 2 getrocknete)

Getrocknete Feigen haben eine stark sättigende und den Darm reinigende Wirkung.

1 Die Kichererbsen im Sieb gut abwaschen, den Backofen auf 200 °C vorheizen.

2 Auberginen in kleine Würfel schneiden, in einer Pfanne mit der gewürfelten Zwiebel in wenig Öl 5 Minuten unter Rühren braten. Die angegebenen Gewürze zugeben, abschmecken.

3 Kichererbsen in einen Kochtopf füllen, der auch für den Backofen geeignet ist.

4 Auberginen-Zwiebel-Gemisch darüber geben, würzen, mit Tomatenscheiben abdecken, etwas Wasser (1/8 bis 1/4 Liter) dazugeben. Auf der Herdplatte zum Kochen bringen, dann zugedeckt im vorgewärmten Ofen 40 Minuten weich werden lassen.

5 Zu dem Gemüse wird das Brot gereicht, und als Nachtisch gibt es 1 frische oder 2 getrocknete Feigen.

Sojakeime mit Staudensellerie

Zutaten pro Person
120 g Sojakeime (Dose oder frisch) • 1 Staudensellerie 1/2 Zwiebel • Ingwerpulver • 1 EL Olivenöl • etwas Stärke etwas Gemüsebrühe • Zucker, Salz • Sojasauce • 1 Scheibe Graubrot • 1 Pfirsich

Sojabohnensprossen sind nicht nur gute Eiweißlieferanten, sondern sie enthalten auch viel Vitamin C.

1 Sojakeime waschen bzw. abtropfen lassen, Staudensellerie waschen und in mundgerechte schräge Stücke von 2 bis 3 Zentimetern schneiden.
2 Zwiebel abziehen und würfeln, mit dem Ingwer, Sojakeimen und den Selleriestückchen in der geölten Pfanne unter Rühren 3 Minuten lang braten.
3 Mit Stärke und etwas Gemüsebrühe binden, mit Zucker, Salz und Sojasauce abschmecken.
4 Dazu gibt es Graubrot und zum Abschluss etwas typisch Chinesisches: den Pfirsich, der ja aus dem Reich der Mitte stammt.

Aus allen Bohnenarten – Adzukibohnen, Feuerbohnen, Mungbohnen oder Sojabohnen – lassen sich in drei bis vier Tagen schmackhafte Keimlinge ziehen.

Tofu Goreng mit Bambussprossen

Zutaten

200 g Tofu • 2 Knoblauchzehen • 2 EL kaltgepresstes Olivenöl • 4 Kartoffeln (etwa 150 g) • 200 g Bambussprossen 1/2 Zitrone • 1 Messerspitze Chilipulver • 2 EL Sojasauce 1/2 Salatgurke • etwas Petersilie

1 Den Tofu aus der Packung nehmen, abtropfen lassen und mundgerecht würfeln. Die Knoblauchzehen abziehen und fein schneiden oder mit der Knoblauchpresse in eine kleine Schüssel drücken. Die Tofuwürfel im Knoblauch wälzen.

2 1 Esslöffel Olivenöl in einer Pfanne erhitzen und die Tofuwürfel kurz auf beiden Seiten anbraten. Anschließend vom Herd nehmen.

3 Die Kartoffeln schälen und in hauchdünne Scheiben schneiden.

4 In einer zweiten Pfanne das restliche Öl erhitzen und die Kartoffelscheiben darin braten.

5 Die vorbereiteten Tofuwürfel und die Bambussprossen zu den gegarten Kartoffelscheiben geben. Dann das Gemüse und den Tofu auf kleiner Stufe unter häufigem Wenden einige Minuten lang gar ziehen lassen.

6 Aus dem übrigen Knoblauch, frisch gepresstem Zitronensaft, dem Chilipulver und der Sojasauce in einem separaten Gefäß eine würzige Sauce mischen.

7 Die Salatgurke sorgfältig schälen und mit dem Gemüsehobel in sehr dünne Scheiben schneiben. Die Gurkenscheiben und die würzige Sauce über das heiße Tofu-Kartoffel-Gericht geben und den Teller mit frisch gezupften Petersilienblättern garnieren. Sofort servieren, bevor der Tofu kalt wird.

Das Sojaprodukt Tofu wird in erster Linie von Vegetariern als Fleischersatz verzehrt. Tofu enthält hochwertiges Eiweiß, reichlich Magnesium, Kalzium und Kalium sowie Vitamin A und wichtige Vitamine der B-Gruppe.

Försterpfanne

Tipp
Wenn Sie noch Kartoffeln vom Vortag übrig haben, können Sie diese in Scheiben schneiden, mit etwas Rosmarin in wenig Öl braten und anstelle des Roggenbrots essen.

Zutaten pro Person
200 g Steinpilze (auch Mischpilze, Pfifferlinge, Rotkappen, Birkenpilze, Maronen etc.) • 1 EL Olivenöl • 1 Zwiebel
80 g mageres Rinderhack • Rosmarin • Salz, Pfeffer
1 Scheibe Roggenbrot • 1 Diätjoghurt mit Früchten

1 Pilze putzen, blättrig schneiden, mit Öl 5 Minuten lang anschmoren.
2 Nacheinander die gehackte Zwiebel, das Fleisch und die Gewürze dazugeben.
3 10 Minuten unter Rühren braten (bis die Flüssigkeit verdampft ist).
4 Sofort mit der Scheibe Brot servieren.
5 Zum Abschluss den Joghurt reichen.

Zucchini mit Schweinelendchen

Zutaten pro Person
100 g Zucchini • 100 g Kartoffeln • 1 EL Mehl • 80 g Schweinefilet • Olivenöl • Salz, Pfeffer • Rosmarinpulver
200 g Wasser- oder Honigmelone

1 Zucchini und geschälte Kartoffeln in Scheiben schneiden.
2 Kartoffeln in Salzwasser 10 Minuten garen, dann die Zucchini dazugeben und noch 15 Minuten kochen lassen.
3 Mehl zugeben und weitere 5 Minuten kochen.
4 Schweinefilet in fingerdicke Streifen schneiden, kurz in Olivenöl auf jeder Seite etwa 3 Minuten anbraten.
5 Fleisch mit Salz, Pfeffer und Rosmarin würzen.
6 Zum Nachtisch die Melone in kleine Scheiben schneiden.

Grünes Kalbsschnitzel

Zutaten pro Person

3 Kartoffeln (200 g) • 200 g Blattspinat • 1/2 Zwiebel • Salz, Pfeffer • Knoblauch • 150 g Champignons • etwas Saucenbinder • 1 kleines Kalbsschnitzel (80 g) • 2 TL Leinöl • 1 Apfel

1 Kartoffeln schälen und kochen und den Blattspinat mit etwas Wasser, der abgezogenen und gewürfelten Zwiebel, den Gewürzen und den blättrig geschnittenen Champignons garen.

2 Die Flüssigkeit mit Saucenbinder eindicken. Das Kalbsschnitzel im Öl kurz braten, mit Pfeffer und Salz beidseitig würzen und in der zugedeckten Pfanne etwas stehen lassen.

3 Anschließend den Spinat über das Kalbsschnitzel geben und zusammen mit den Kartoffeln anrichten.

4 Der in Scheiben geschnittene Apfel rundet diese Mahlzeit ab.

Fleisch ist der Spitzenreiter unter den sauren Lebensmitteln. Es schadet nicht, den Fleischkonsum zu reduzieren, und zwar auf höchstens zwei Mahlzeiten pro Woche. Denken Sie daran: Nicht das Gemüse, sondern das Fleisch sollte die Beilage sein.

Bratreis mit Schinken

Zutaten

120 g magerer gekochter Schinken • 1 Zwiebel • 2 EL Olivenöl
250 g gekochter Reis • 2 EL Stärkemehl • Salz, Pfeffer
2 EL Sojasauce • 2 Mandarinen

1 Schinken und Zwiebel klein schneiden, im heißen Öl anbraten.

2 Den Reis mit dem in Wasser angerührten Stärkemehl vermischen und glatt rühren. Dann zu Zwiebel und Schinken geben, würzen und 3 Minuten lang braten.

3 Die Mandarinen ergänzen das Mahl.

Egerlingkartoffeln mit Rührei

Pilze sollten unverarbeitet nicht gelagert werden, sondern bald nach Ernte bzw. Einkauf zubereitet und verzehrt oder zum Aufbewahren in Essig eingelegt, tiefgefroren oder getrocknet werden.

Zutaten

1/2 Zwiebel • 150 g Egerlinge (ein bräunlicher Verwandter des Champignons) oder frische weiße Champignons
2 TL Distelöl • 200 g kleine vorgekochte Kartoffeln • 1 Ei
Petersilie • Salz, weißer Pfeffer • 1 Birne

1 Gewürfelte Zwiebel und fein blättrig geschnittene Egerlinge im Distelöl anbraten.

2 Nach einigen Minuten die in Scheiben geschnittenen Kartoffeln mit dem geschlagenen Ei und den Gewürzen darunter mengen und zugedeckt gut stocken lassen.

3 Das Omelett mit der gebräunten Unterseite nach oben servieren.

4 Die Birne bildet den Abschluss.

Wiener Pilzpfannkuchen

Zutaten pro Person

1 Ei • 1/8 l Milch • 3–4 EL Vollkornmehl • gehackte Petersilie
Salz, Pfeffer • 120 g Champignons (oder andere Pilze)
1 EL Butter oder Margarine • 1/4 Salatgurke • 1/2 Paprikaschote • Öl • Zitronensaft

1 Das Ei mit der Milch verquirlen, mit Vollkornmehl und den Gewürzen glatt rühren.

2 Pilze mit Fett von allen Seiten kurz braten (3 bis 4 Minuten lang), Teig darüber gießen und den Pfannkuchen auf jeder Seite 3 Minuten lang goldgelb backen.

3 Aus Gurke und Paprika mit Öl und Zitronensaft den Salat zubereiten.

Rührei mit Pfifferlingen und Roggenbrot

Zutaten

100 g frische Pfifferlinge • 2 TL Olivenöl • 1 Ei • frische Kräuter (Petersilie) • 1 Scheibe Roggenbrot • 1 Apfel • 1 Prise Zimt

1 Pfifferlinge mit dem Öl in der Pfanne heiß werden lassen.
2 Die Hitze reduzieren, dann das Ei verquirlen und in die Pfanne geben.
3 Etwa 5 Minuten garen lassen, dazwischen 2-mal durchrühren.
4 Kräuter hacken, über das Pfifferlingrührei streuen.
5 Das Rührei auf dem Roggenbrot servieren.
6 Den Apfel (die Stücke nach Geschmack mit etwas Zimt bestreut) gibt es zum Nachtisch.

Tipp
Schmoren Sie zuerst 1/2 fein gehackte Zwiebel in Öl an, und fügen Sie dann die Pilze hinzu.

Ein Gericht mit frischen Pilzen ist immer ein kulinarisches Erlebnis. Am besten sind natürlich Waldpilze, aber auch Zuchtchampignons oder -egerlinge sind zu empfehlen.

Haferflockensuppe mit überbackenem Blumenkohl

Zutaten pro Person

200 g Blumenkohl • 1/2 Würfel Gemüsebrühe
2 EL Haferflocken • 1 Scheibe (ca. 25 g) Käse • 100 g Kartoffelbrei • 1/4 frische Ananas

1 Blumenkohl ca. 20 Minuten lang in wenig Salzwasser bissfest dünsten.
2 Das Blumenkohlwasser auf 1/4 Liter auffüllen, 1/2 Würfel Gemüsebrühe darin auflösen, Haferflocken (kernig) darin aufkochen.
3 Inzwischen den Blumenkohl mit 1 Scheibe Gouda, Edamer oder Emmentaler im Backofen überbacken. Dazu gibt es Kartoffelbrei. Frisch zubereitet ist er am besten – am praktischsten ist der aus der Fertigpackung. Sparen Sie aber mit Fett (keine Sahne zugeben)!
4 Die Ananas gibt es zum Nachtisch.

Spinat ist ein erstklassiger Nährstofflieferant. Er enthält zehn Vitamine und 13 Mineralstoffe – darunter große Mengen an Kalium, Natrium, Phosphor, Magnesium und Schwefel – sowie überdurchschnittlich viel Karotin und Vitamin C.

Spinatnester

Zutaten

125 g Weizenvollkornmehl • 1/4 Päckchen Trockenhefe
Salz, weißer Pfeffer • 1/8 l Wasser • 1 TL Olivenöl • 250 g Tiefkühlblattspinat • 1 EL Parmesan

1 Mehl mit Hefe, 1 Prise Salz, Wasser und Olivenöl verkneten, zwei kleine Schüsseln daraus formen.
2 Den aufgetauten Spinat mit Salz, Pfeffer und dem Parmesan mischen, in die beiden Teignester füllen und im Backofen bei 200 °C ca. 15 Minuten lang backen. Dann sofort servieren.

Überbackener Vollkorntoast mit Ananas

Zutaten

2 Scheiben frische Ananas • 2 Scheiben Vollkorntoast
1 Scheibe magerer gekochter Schinken • 30 g Chesterhalbfettkäse

1 Die Ananas von Strunk und Schale befreien, das Fruchtfleisch in Scheiben schneiden und das harte Mittelstück entfernen.

2 Die Toasts mit dem Schinken belegen, die Ananasscheiben mit dem Chesterkäse bestreichen und auf die Toasts legen.

3 Beide Toasts auf der mittleren Schiene des vorgeheizten Backofens bei 160 °C etwa 10 Minuten lang backen, bis der Käse geschmolzen ist.

Tipp

Den Rest der Ananas können Sie als Zwischenmahlzeit oder als Dessert mit 1 Esslöffel steif geschlagener Sahne verzehren.

Hähnchenbrust Languedoc mit Bandnudeln

Zutaten pro Person

1 Hähnchenbrust • Salz, Pfeffer • 100 g Auberginen
3 Tomaten • 50 g Pilze • 1 EL Olivenöl • 1/8 l Gemüsebrühe
100 g Bandnudeln • 1/2 Grapefruit

1 Die Hähnchenbrust in Streifen schneiden, salzen, pfeffern.

2 Gemüse putzen und waschen. Pilze putzen. Alles in kleine Stücke schneiden. Dann in dem Olivenöl anbraten.

3 Gemüsebrühe und Hähnchenstücke dazugeben, 12 bis 15 Minuten lang garen lassen.

4 Nudeln kochen, Ragout heiß darüber geben.

5 Die Grapefruit erfrischt als Nachtisch.

Tipp

Sie können statt der Hähnchenbrust auch auf Putenbrustfleisch zurückgreifen.

Rinderfilet mit Wirsingkartoffeln

Zutaten

250 g Wirsing • 400 g Kartoffeln • 1 mittelgroße Zwiebel • 1 Knoblauchzehe • 1 EL kaltgepresstes Olivenöl 120 g Rinderfilet oder Rinderhüftsteak • Salz, frischer Pfeffer aus der Mühle • 2 EL geriebener Käse (z. B. Emmentaler) 1/2 l Gemüsebrühe

1 Den Wirsing waschen und in Streifen, die Kartoffeln schälen und in Scheiben schneiden.
2 Die Zwiebel würfeln und die Knoblauchzehe abziehen und zerdrücken.
3 Wirsing, Knoblauch und Zwiebelstücke in Olivenöl anbraten, bis der Wirsing bissfest ist.
4 In der Zwischenzeit die Filetscheiben in fingerdicke Stücke schneiden.
5 Abwechselnd den Wirsing, die Kartoffeln und die Rindfleischscheiben in eine feuerfeste Auflaufform geben. Dabei jede Lage mit frischem Pfeffer und wenig Salz würzen und den geriebenen Käse darüber verteilen. Zum Schluss die Gemüsebrühe darüber gießen.
6 1 Stunde lang im vorgeheizten Backofen bei ca. 180 °C backen.

Getrocknete Bohnen müssen über Nacht eingeweicht werden. Bohnen aus der Dose haben etwas weniger Mineralstoffe, sind aber schon vorgegart.

Sauerkraut mit weißen Bohnen

Zutaten pro Person

1/2 Zwiebel • etwas Öl • 200 g Sauerkraut • 120 g weiße Bohnen (Dose) • gemahlener Kümmel • Salz, Pfeffer 1 Vollkornbrötchen • 1 Apfel

1 Gewürfelte Zwiebel in etwas Öl kurz anbraten.
2 Das Kraut und die Bohnen in einen Topf

schichten, Zwiebel darüber legen, dann würzen, umrühren, aufkochen und alles 15 Minuten garen.

3 Als Beilage gibt es das Vollkornbrötchen und als Nachtisch den Apfel.

Reis mit Speckrosenkohl

Zutaten

200 g gekochten Naturreis (= ca. 50 g roh) • 150 g Rosenkohl (frisch oder tiefgekühlt) • 30 g magerer Speck • Olivenöl Salz, Pfeffer • 120 g frische Erdbeeren

1 Den Reis in Salzwasser aufkochen und etwa 30 Minuten gar ziehen lassen.

2 Den geputzten Rosenkohl mit dem klein geschnittenen Speck und etwas Olivenöl anbraten, dann mit 1/8 Liter Wasser aufgießen, salzen und pfeffern, 15 Minuten garen. Die Röschen dürfen noch bissfest sein. Sie werden (mit der Kochflüssigkeit) auf dem Reis angerichtet.

3 Die Erdbeeren kommen als Nachtisch.

Tipp

Auch mit Grünkohl, Blumenkohl oder Kohlrabi können Sie dieses Gericht variieren.

Während einer Säure-Basen-Diät müssen Sie nicht auf Fleisch verzichten. Allerdings sollte es seltener auf dem Speiseplan stehen und mit viel Gemüse serviert werden.

Erbsentopf mit Cocktailwürstchen

Zutaten pro Person

60 g gelbe Erbsen (oder 200 g aus der Dose) • 1/4 Zwiebel 1 große Kartoffel • 1 Stange Lauch • 1 Karotte • 1 Stange Staudensellerie • 1 Cocktailwürstchen (50 g) • Salz, weißer Pfeffer • etwas Schnittlauch • 1 Fruchtjoghurt

Erbsen aus der Dose sind immer ein Kompromiss. Wenn Sie keine frischen Erbsen bekommen, dann greifen Sie lieber auf Tiefkühlware zurück – sie reicht geschmacklich und im Vitamingehalt an frische heran.

1 Erbsen aus der Dose erwärmen. Verwenden Sie getrocknete Erbsen, müssen Sie sie über Nacht einweichen und ca. 2 Stunden lang kochen.

2 Geputztes und zerkleinertes Gemüse zugeben und alles ca. 1/2 Stunde lang garen lassen.

3 Die Würstchen ein paar Minuten im Eintopf erhitzen. Würzen und mit Schnittlauch überstreuen.

4 Zum Nachtisch gibt es Fruchtjoghurt.

Heiducken-Kartoffeln

Zutaten pro Person

30 g Räucherspeck • 50 g Zwiebeln • 1 EL Wasser • Salz 1 TL Paprikapulver (edelsüß) • 200 g Kartoffeln • 1 EL Olivenöl (statt landesüblichem Schweineschmalz) • 2 EL Petersilie eingelegte Gurken und Paprikaschoten • 1/4 Ananas

1 Speck in Würfel schneiden und auslassen. Die klein geschnittenen Zwiebeln dazugeben, bis sie goldbraun werden. Wasser, Salz und Paprika dazugeben. Zugedeckt bei kleiner Hitze dünsten.

2 Kartoffeln in Scheiben schneiden, in Öl braten. Zum Speck geben und gehackte Petersilie darüber streuen. Dazu Gurken und Paprika reichen.

3 Zum Nachtisch isst man die Ananas.

Über den Autor

Norbert Treutwein ist Journalist. Er arbeitet u. a. als Chefredakteur in verschiedenen medizinischen Fachzeitschriften, fast ausschließlich in den Bereichen Wissenschaft und Gesundheit.

Literatur

Heseker, Beate und Helmut: Nährstoffe in Lebensmitteln. Umschau-Verlag. Frankfurt 1993
Kasper, Heinrich: Ernährungsmedizin und Diätetik. Urban & Schwarzenberg. München-Wien-Baltimore 1996
Schneider, Dr. med. Ernst: Nutze die Heilkraft unserer Nahrung. Saatkorn Verlag. Hamburg 1985
Treutwein, Norbert: Übersäuerung – krank ohne Grund? Südwest Verlag. 3. Auflage, München 1997
Worlitschek, Michael: Der Säure-Basen-Haushalt – Gesund durch Entsäuerung. Haug Verlag. Heidelberg 1994
Worlitschek, Michael: Praxis des Säure-Basen-Haushaltes. Haug Verlag. Heidelberg 1991

Hinweis

Das vorliegende Buch ist sorgfältig erarbeitet worden. Dennoch erfolgen alle Angaben ohne Gewähr. Weder Autor noch Verlag können für eventuelle Nachteile oder Schäden, die aus den im Buch gemachten praktischen Hinweisen resultieren, eine Haftung übernehmen.

Danksagung

Mehrere Rezepte in diesem Buch sind dem Band »Säure-Basen-Diät. Die besten Rezepte zur gezielten Entsäuerung«, Südwest Verlag, München 1998, von Dr. Nicole Schaenzler entnommen.

Bildnachweis

IFA, München: 121 (Nacivet); Image Bank, München: 58 (B. Erlanson), 81 (A. Duey); jump, Hamburg: 4 (K. Vey); Kerth Ulrich, München: 37, 41, 44, 75, 105, 111; Südwest Verlag, München: Kastenfond (S. Sperl), 26 (A. Schliack), Titel, 53 (C. Kargl / U.S.), 66 (B. Hecker), 68 (K. Newedel), 1, 89, 94, 116, 125 (D. Albrecht), 98; Tony Stone, München: 8 (G. Trevor), 18 (R. Schultheiß), 21 (T. Bean), 24 (D. Madison), 48 (T. Brase)

Impressum

Redaktion:
Christian Hilt
Projektleitung:
Dr. Alex Klubertanz
Redaktionsleitung und medizinische Fachberatung:
Dr. med. Christiane Lentz
Bildredaktion:
Gabriele Feld
Produktion:
Manfred Metzger
Umschlag:
Manuela Hutschenreiter, München
Layout:
Wolfgang Lehner
DTP:
Matthias Liesendahl

Printed in Italy
Gedruckt auf chlor- und säurearmem Papier

ISBN 3-517-08044-6